La nueva vida de Dios en el alma del hombre

La nueva vida de Dios en el alma del hombre

Una interpretación del clásico de Henry Scougal

John D. Gillespie

La nueva vida de Dios en el alma del hombre
John D. Gillespie

Impreso ISBN 978-1-946584-57-1
ePub ISBN 978-1-946584-58-8
Mobi ISBN 978-1-946584-59-5

Publicado en ©2017 por: **Proyecto Nehemías**,
170 Kevina Road, Ellensburg WA 98926
www.proyectonehemias.org
Los libros de Proyecto Nehemías son impresos y distribuidos en EE.UU. por:
JPL Distribution
347 Linden Avenue Southeast
Grand Rapids, MI 49548
E-mail: orders@jpldistribution.com
Tel: 877.683.6935

Traducido del libro *The New Life of God in the Soul of Man* © 2017 por John Gillespie. Traducción por Daniel Elías. Edición por Elvis Castro

A menos que se indique algo distinto, las citas bíblicas están tomadas de la Nueva Biblia Latinoamericana de Hoy (NBLH) © 2005 por The Lockman Foundation, La Habra, California
Las citas bíblicas marcadas con NVI están tomadas de La Santa Biblia, Nueva Versión Internacional © 1986, 1999, 2015 por Biblica, Inc.
Las citas bíblicas marcadas con NTV están tomadas de La Santa Biblia, Nueva Traducción Viviente © Tyndale House Foundation, 2010. Todos los derechos reservados.

Todos los derechos reservados. Ninguna parte de esta publicación puede ser reproducida, almacenada en un sistema de recuperación, ni transmitida de ninguna forma ni por ningún medio —electrónico, mecánico, fotocopia, grabación u otro— sin el permiso previo del publicador.

Índice

Prólogo	vii
Bienvenidos a la Vida Verdadera	xi
¿Qué es la Vida Verdadera?	1
Las maravillas y las bendiciones de la Vida Verdadera	39
¡La Vida Verdadera es posible!	65
Reflexiones finales y una invitación a la Vida Verdadera	121

Prólogo

Mi oración es que leas este libro.
Espero que lo leas pausada y cuidadosamente, con un café (o lo que tú prefieras), y un cuaderno y un lápiz. Mejor aún, que tu pausada y cuidadosa lectura esté acompañada de oración, y de otras personas.

Esta es mi oración por varios motivos; estos son cuatro de ellos:

En primer lugar, por causa de Henry Scougal, quien escribió el original. Hacemos bien en admirar a este hombre que ni siquiera llegó a los 30 años. Murió 100 años antes de que naciera José de San Martín. Fue profesor universitario de filosofía antes de cumplir veinte; no obstante, estuvo libre de la frágil jactancia que semejante logro sin duda habría suscitado hoy en día. Él era un pensador serio, académico y estudiante de la Biblia, pero también un amigo preocupado.

Segundo, espero que lo leas por causa del hombre que lo ha interpretado. John Gillespie es un personaje formidable. A menudo nos hemos encontrado. Él es de Estados Unidos, pero sirvió como pastor misionero en Reino Unido durante 26 años.

Mi primer encuentro fue tan memorable como aterrador. Yo recién había comenzado a cortejar a la mujer que llegaría a ser mi esposa; John era su pastor. Algo en el lenguaje corporal de John comunicaba que cualquier maltrato a dicha joven sería una insensatez. Me alegra informar que trece años más tarde, y habiendo traducido para John en más de 10 conferencias en la costa, la sierra y la selva de Perú (a menudo durante la misma semana), él es uno de mis hermanos más queridos.

Es un predicador incansable; pienso en términos de miles más bien que centenares de sermones del evangelio predicados en algunos de los lugares menos inhóspitos del planeta. Sermones muchas veces predicados con un poder impactante, haciendo lo que Matthew Henry describió como «expresar verdades profundas con sencillez».

John es un hombre de familia. No quiero decir que sea algún cursi padre y esposo perfecto vestido de chaleco. Simplemente me refiero al hecho de que conozco a pocos otros hombres más apasionados y activos en el cuidado de la salud espiritual de su esposa, hijos, y nietos.

Es un hombre varonil. Sus rivales en los deportes lo saben. Los hombres que se atreven a cortejar a sus hijas lo saben. Es un hombre atento que se esfuerza genuinamente por valorar a los demás.

Es un hombre que enfrentó solo una denominación entera por la verdad de la Palabra de Dios, y sufrió una real pérdida material por ello. Es un hombre de oración: por años se levanta a las 4:30 a. m. para derramar su corazón a su Salvador. Sus hijos testifican que ven a papá postrado en oración a primera hora en la mañana.

Sin embargo, más allá de todas estas consideraciones sobresale el hecho de que John es un hombre genuinamente quebrantado por sus propias debilidades y pecaminosidad interior. Él se apoya en Cristo y la Expiación con mayor fuerza y claridad que ningún otro que yo conozca. «Solo soy un discípulo desesperado de Jesús», es su expresión constante.

Tercero, a causa del impacto que ya ha causado el mensaje de Henry Scougal. El libro de Scougal ha sido clave para hacer pensar a muchos. ¿Quién puede medir con precisión el impacto de la predicación de George Whitefield en Europa y Norteamérica? El libro de Scougal lo transformó a él.

Dos siglos más tarde, el pastor estadounidense John Piper reflexionó sobre una de las proposiciones de Scougal (que el valor de un alma se debe medir por el objeto de su afecto[1]), y fue inspirado a predicar una serie de sermones que más tarde se convirtieron en un potente libro.

---

1   John Piper, *Los deleites de Dios*. Editorial Vida, 2006. Introducción, «Cómo nació el libro», p. 13.

En mi propia vida, hace alrededor de veinte años, el Dr. David Allen, un querido pastor amigo, en lugar de simplemente rendirse con este joven más bien corriente y angustiado, me dio una copia de *The Life of God in the Soul of Man* (La vida de Dios en alma del hombre). En algún lugar tengo el trozo de papel donde varios párrafos me golpearon como un tren vivificante. Aquellas verdades han sido clave para mi propio llamado y perseverancia en el campo misionero hace ya 14 años.

Finalmente, por causa de cómo veo el presente y el futuro de la preciosa iglesia de Jesús. Mi motivación aquí es Tito 1:5. El mandato de Pablo de ir y designar ancianos calificados parece tan desafiante hoy como siempre lo ha sido.

En Perú, donde sirvo, hay grandiosos recursos del evangelio cada vez más disponibles, tal vez como nunca antes. Los medios sociales están vivos con foros y debates. Sin embargo, no pocos están luchando con el incómodo hecho de que se puede conocer, disfrutar, enseñar y defender la sana doctrina, y no obstante estar desprovisto de vida y carácter espiritual. Alguien puede dirigir un creciente y reconocido ministerio «lleno del Espíritu», y no obstante pocos podrían decir de su compañía: «Sí, es como estar con Jesús».

Tal situación no es buena ni para el presente ni para el futuro de la iglesia.

Que Dios se complazca en usar esta interpretación de la obra de Scougal de modo que despierte a muchos a la realidad, la posibilidad y la necesidad de la nueva vida de Dios en el alma misma.

Por la fama de su Nombre.

David Bhadreshwar.
Lima
Octubre de 2017

Bienvenidos a la Vida Verdadera

~

Hace algunos años, mi amigo y héroe en el Evangelio, Julian Rebera, me sugirió un pequeño libro escrito hace mucho tiempo por un hombre que murió antes de cumplir veintiocho años de edad. A través de los años he leído y releído ese pequeño libro, a menudo en compañía de una o dos personas más, para el bien de nuestras almas. Henry Scougal nació en Escocia en 1650. Murió en 1678. A la edad madura de diecinueve fue profesor de Filosofía en la Universidad de Aberdeen.

Cuando un amigo le pidió que lo discipulara en la vida cristiana, Scougal le escribió una larga carta explicándole lo que significaba ser un verdadero cristiano. Él nunca tuvo la intención de que esa carta se convirtiera en un libro, sólo concedió los permisos para su publicación poco antes de su temprana muerte. Esa obra, *La vida de Dios en el alma del hombre*, estaba destinada a convertirse en un libro transformador para innumerables vidas.

Un siglo después de su publicación, Charles Wesley le dio una copia del pequeño libro a su joven amigo George Whitefield. Whitefield lo leyó, y dijo que en realidad nunca había entendido el verdadero cristianismo hasta que leyó el libro de Scougal. El resto, como se dice, es historia, ya que Whitefield llegó a ser el primer predicador de su época a ambos lados del Atlántico y la voz detrás del Gran Despertar del siglo XVIII.

El libro de Scougal ha pasado de moda en nuestros días. ¿Cómo no iba a hacerlo? Es profundo en una era superficial, serio en una era trivial, orientado al cielo en una era orientada a lo terrenal. Está escrito para agitar el corazón y liberar al lector de una vida necia. *La vida de Dios en el alma del hombre* no era, y no es *cool* (¿acaso *cool* no significa «frío»?). Es simple y serio. No he hecho el intento de volverlo *cool*. Eso estropearía su impacto y sería infiel al corazón de Henry. El libro presenta el cristianismo nada menos que como una *unión* sobrenatural y celestial de la vida de Dios con la nuestra. Su gran tesis se resume en la verdad que forma el alma: *la salud y el bienestar de tu alma están determinados y medidos por el valor de aquello que más amas*. Por lo tanto, nos señala persistentemente a Dios.

Así pues, después de haber sido tocado muchas veces por su fuego, he intentado presentar una nueva interpretación de este poderoso librito. Digo *interpretación* porque eso es lo que hago aquí. He hecho míos los pensamientos de Scougal, y por lo tanto este pequeño libro es mi interpretación del suyo, no sólo sus palabras modernizadas. Así que, si en algún punto no te gusta, ¡cúlpame a mí, no a Henry! Mi esperanza es que tal vez mi ofrecimiento pueda hoy hacer por muchos lo que el de Scougal hizo por muchos en días pasados.

> «La salud y el bienestar de tu alma está determinado y medido por el valor de aquello que más amas».

Algunas cosas me han guiado en la redacción de esta interpretación. Primero, Scougal no desperdició palabras. ¡Era un hombre agonizante sin tiempo que perder! Por lo tanto, desde el comienzo va al grano. Su trabajo es minimalista, y he tratado de ser fiel a su estilo. Estamos acostumbrados a infinitas ilustraciones y anécdotas. Scougal utiliza pocas, por lo que he usado pocas. Tal como su trabajo es casi pura carne y poca guarnición, así también es esta interpretación.

He sido lo más cuidadoso posible por permanecer teológicamente fiel a Scougal. Si bien esta interpretación es mi trabajo, he tratado de permanecer fiel a su intención y movimiento originales, siguiendo su melodía, sin introducir la mía. He añadido un énfasis: creo que Scougal no habló tan claramente sobre las maravillas de la expiación como podríamos esperar. Tal vez esto fue porque él vivió en una época más instruida en el evangelio. Una era cuando la cruz, en todo su poder, era más ampliamente conocida, asumida, y motivo de gozo. Cualquiera que sea el caso, he intentado hablar más acerca de la obra expiatoria de Jesús. También ha habido algunos casos en los que he extendido la obra original de Scougal, no en cuanto a teología ni en intención, sino en que he añadido una observación, aplicación o desafío que he sentido que será útil para usted, y necesario en nuestra cultura enloquecida por el placer y adicta a lo fácil. En ese sentido, ya no es la carta de Scougal a su amigo, sino mi carta a usted.

También he reemplazado su referencia a la «religión» con las palabras «Vida Verdadera». Cualquier bien que el término «religión» haya comunicado en sus días, se ha convertido en una palabra casi soez en nuestros días. Por tanto, su obra, que describe la «verdadera religión», aquí es una obra que describe la «Vida Verdadera» —con la cual me refiero simplemente al cristianismo genuino.

Finalmente, he añadido más pasajes bíblicos de los que incluyó Scougal en un principio. Creo que su carta era un poco "flaca" en ese aspecto. No es que fuera de modo alguno antibíblica (!) sino que su impacto puede ser aún más poderoso con la adición de más pruebas bíblicas de sus argumentos. ¡La adición de estos pasajes ha convertido un pequeño libro en un libro un poco más largo! No obstante, pase un buen momento con estos pasajes. Deténgase en ellos y considérelos hasta que vea algo de la bondad y la gloria de Dios. ¡Ellos le harán más bien de lo que mis palabras jamás podrían!

Me ha ayudado mucho leer la obra original de Scougal con otro hermano o un grupo pequeño... frase por frase, página a página. Ha sido una herramienta útil de discipulado en mi ministerio, tal como Henry pensó que era la suya en un principio. Le sugiero que haga lo mismo con esta interpretación. Tómese el tiempo con un amigo, quizás uno ansioso por respuestas, un nuevo creyente hambriento, o incluso uno que haya caminado mucho tiempo con Jesús, pero cuya alma necesite refrigerio. ¡No se apresure! ¡No hay recompensa por leer rápidamente lo que se debe leer despacio! Y recuerde: esta era una carta antes que fuera un libro. Las cartas son más personales que los libros. Lea esto como una carta.

He mantenido las tres divisiones de Scougal, pero les he añadido títulos que Henry no les dio:

Parte Uno: ¿Qué es la Vida Verdadera?
Parte Dos: Las maravillas y bendiciones de la Vida Verdadera
Parte Tres: ¡La Vida Verdadera es posible!

¡Tenga cuidado! Scougal le dejará sin excusas. Usted y yo podemos ser tan santos —y por lo tanto tan felices— como queramos ser. La Vida Verdadera no es complicada, pero es desafiante. Es simple, pero no siempre fácil. Este es un libro que está calculado para llevarnos a un lugar de desesperación... ese precioso lugar en el alma donde nos damos cuenta de que Jesús es nuestra única esperanza, y donde todos los amores inferiores se inclinan ante él... tomando el lugar que les corresponde. Al estar allí, estamos a la orilla de la Vida, en la entrada delantera de la casa del Padre, en las proximidades del cielo. Si nos perdemos la oportunidad de tener la Vida Verdadera, es porque queríamos menos, no más; es porque estábamos demasiado satisfechos con las cáscaras; y atesorando a dioses inferiores por sobre el único Dios verdadero.

Este libro no es para el distraído. Es para el fervoroso. Es mi esperanza y mi oración que encuentre un hogar no sólo en su biblioteca, sino en su corazón.

Afectuosamente,

John Gillespie, Overland Park, Kansas

Cristo en ustedes, la esperanza de gloria

Colosenses 1:27

Parte Uno
¿Qué es la Vida Verdadera?

~

¿Por qué te he escrito esta carta?

Querido amigo,
Estoy muy contento de que me hayas pedido que te ayude en tu deseo de seguir a Jesús. La orientación de tu corazón y su objetivo puesto en Dios es tan similar al mío, que el tiempo que pase contigo me parecerá un perfecto uso de mis breves días. Creo que lo más importante es tu caminar con Dios. Por lo tanto, no podría ser un mejor amigo para ti sino invirtiendo en tu santidad y crecimiento como cristiano.

No puedo pensar en una mejor manera de demostrar mi amor por ti y de expresar mi gratitud hacia ti por ser mi hermano, ¡que no perder tiempo en seguir adelante con esto! Aunque estoy seguro de que podrías encontrar a alguien mejor para discipularte, y probablemente no diré mucho que ya no sepas, aún así espero que en las manos de Dios, y con la guía de Dios, lo que tengo que compartir contigo será de provecho para tu vida y tu alma. ¡Qué gran honor para mí!

¡No es la opción fácil!

NECESITO DECIRTE DESDE EL PRINCIPIO que seguir a Jesús ¡no es la opción fácil para tu vida! De hecho, puedo decirte directamente que si quieres una vida fácil, ¡mantente alejado de Jesús! No hay «letra pequeña». Jesús nos dice desde el principio: «Si alguien quiere seguirme, niéguese a sí mismo, tome su cruz cada día y sígame» (Lucas 9:23). No es una vida fácil la que se ofrece, pero es la Vida Verdadera. En la medida que entiendas esto desde el principio, entonces todo estará bien. Pero, si alguien empieza este camino pensando erróneamente que es un sendero de flores,

más que un camino estrecho que conduce a una campo de batalla, seguramente pronto estará desanimado y decepcionado con el Jesús que ha inventado en sus propios pensamientos.
¡Pero ánimo! Tu recompensa es nada menos que Cristo mismo, y encontrarás la misma Vida de Dios habitando en tu alma.

> Que Cristo habite por la fe en sus corazones
> (Efesios 3:17).

Has iniciado una búsqueda de la Vida Verdadera, y no te será negada, siempre y cuando estés dispuesto y listo para dar todo por ella.

> El reino de los cielos es semejante a un tesoro escondido en el campo [¡Jesús!], que al encontrarlo un hombre, lo vuelve a esconder, y de alegría por ello, va, vende todo lo que tiene y compra aquel campo. El reino de los cielos también es semejante a un mercader que busca perlas finas, y al encontrar una perla de gran valor, fue y vendió todo lo que tenía y la compró (Mateo 13:44-46).

> Yo he venido para que tengan vida, y para que la tengan en abundancia (Juan 10:10).

Cuatro cosas antes de avanzar

1) Dios es un Dios dispuesto

Debes estar seguro del corazón de Dios en esto. Él no se está escondiendo. Él no es difícil. No está negando su bondad. Él nos desea más de lo que nosotros lo deseamos. Por lo tanto, encontrarás a un Dios dispuesto y un cielo abierto en tu deseo de obtener la Vida Verdadera. Esto es lo que Dios realmente es.

Este es todo el tema de la Biblia: un Dios Redentor que desea y asegura para sí mismo un pueblo redimido. Estar seguro de su corazón por ti desde el principio animará tu corazón por él.

> Porque todo el que pide, recibe; y el que busca, halla; y al que llama, se le abrirá.
> O supongan que a uno de ustedes que es padre, su hijo le pide pan, ¿acaso le dará una piedra? O si le pide un pescado, ¿acaso le dará una serpiente

en lugar del pescado? O si le pide un huevo, ¿acaso le dará un escorpión? Pues si ustedes siendo malos, saben dar buenas dádivas a sus hijos, ¿cuánto más su Padre celestial dará el Espíritu Santo a los que se Lo pidan? (Lucas 11:10-13).

Yo soy de mi amado, y para mí es todo su deseo (Cantares 7:10).

2) ¡Asegúrate de ser cristiano!

No quiero asumir nada aquí. Me atreveré a recordarte el camino hacia la vida cristiana. Sólo hay un camino, y es mediante la confianza en lo que Jesucristo realizó en la Cruz por ti. Fue allí donde tus pecados fueron pagados en su totalidad. Un cristiano es aquel que ha puesto toda su esperanza y confianza en lo que Jesús ha hecho, y ninguna confianza en lo que él mismo podría esperar hacer —en un sentido «religioso»— para apaciguar a Dios.

Si eres verdaderamente cristiano, entonces siempre es refrescante para tu alma escuchar que Jesús carga tus pecados. Si no eres cristiano, entonces será irritante porque chocará contra tu orgullo. Por lo tanto, ¡examínate aquí antes de proceder! Esta es la prueba decisiva: ¿cómo respondes al recordar que Jesús ha pagado por tus pecados? ¿Cómo reaccionas cuando te dicen que no hay manera de entrar en la vida que no sea por la simple dependencia de su muerte asombrosa y suficiente por tus pecados? ¿Te glorías en ella o gimes contra ella?

> Pero jamás acontezca que yo me gloríe, sino en la cruz de nuestro Señor Jesucristo, por el cual el mundo ha sido crucificado para mí y yo para el mundo (Gálatas 6:14).

> Al que no conoció pecado, Lo hizo pecado por nosotros, para que fuéramos hechos justicia de Dios en Él (2 Corintios 5:21).

¡Pero amigo mío! No confundas fe «sencilla» con algo ligero y fácil. Con «sencilla» me refiero a la fe en Jesús y *nada* más. Y, como tal, no hay nada más radical en todo el mundo. La fe sencilla en Jesús significa que has renunciado a tu propia justicia, y a cualquier otro «camino» a Dios por ser falso y vacío. Te pondrá contra tu cultura perezosa e indiferente, y te costará todo —¡pero su recompensa será la vida!

3) ¿Estás desesperado?

Yo supongo que, al pedirme que te discipule, en tu vida hay una desesperación por Jesucristo. No puede ser de otra manera. Jesús no puede ser sólo una adición a tu vida ya feliz para hacerla un poco mejor (como un pasatiempo). Confío en que hayas llegado al «punto sin retorno» donde veas que es Jesús o nada. ¡Ese es el mejor lugar donde puedes estar! Aquellos que quieren a Jesús «y…» o a Jesús «con…» terminan recibiendo «y» o «con», pero no recibiendo a Jesús. Necesitas estar en el lugar donde Pedro y sus amigos estuvieron: «Señor, ¿a quién iremos? Tú tienes palabras de vida eterna» (Juan 6:68). ¡Confío en que estás en ese buen lugar!

Debes atreverte a orar: «Inclina mi corazón a tus testimonios y no a la ganancia deshonesta» (Salmos 119: 36). Sé que esas tres palabras, "inclina mi corazón", implican la entrega absoluta de todo lo que eres a todo lo que Dios es y todo lo que él tiene para ti. Estás diciendo: «Señor, realmente confío en tu bondad hacia mí, y te quiero más que el sexo, el dinero o la comodidad, el matrimonio o la vida misma». No hay regateo con Dios. Es la vida en sus términos, o la muerte en los tuyos. Todo está en juego. Si bien no hay lugar aquí para los mezquinos, ¡ten por seguro que hay un Dios de corazón abierto y un espacio sin límites para los desesperados!

4) No trates de hacer esto por ti mismo

Amigo mío, todo lo que sigue en el resto de esta carta supone que estás caminando con otros cristianos —otros hermanos y hermanas que también quieren seguir a Jesús. Las bendiciones y las batallas de la vida cristiana no se experimentan en la soledad, sino en la comunión de los creyentes. La vida cristiana es *personal* pero no es privada. Es según cómo caminas con otros, te sometes a la autoridad de la Biblia predicada por otros, y eres responsable ante otros, que el equilibrio y el crecimiento genuino estará asegurado. Si te separas de los demás, es una señal segura de orgullo espiritual y estarás seguro de tener un naufragio en tu búsqueda de la Vida Verdadera.

Toda la Biblia da por hecho que los creyentes están en unión unos con otros, así como lo están con Cristo. No hay imagen en el Nuevo Testamento del cristiano solitario que no necesita a otros creyentes. Es en el contexto de estar *juntos* en la Iglesia de Jesús que realmente conocemos a Jesús. La Vida Verdadera no es *sólo* «Jesús y yo», sino también «Jesús y mis hermanos y hermanas», porque juntos somos un cuerpo.

> Ahora bien, ustedes son el cuerpo de Cristo, y cada uno individualmente un miembro de él (1 Corintios 12:27).

> Pero si andamos en la Luz, como Él está en la Luz, tenemos comunión los unos con los otros, y la sangre de Jesús Su Hijo nos limpia de todo pecado (1 Juan 1:7).

> Consideremos cómo estimularnos unos a otros al amor y a las buenas obras, no dejando de congregarnos, como algunos tienen por costumbre, sino exhortándonos unos a otros, y mucho más al ver que el día se acerca (Hebreos 10:24-25).

Si estás seguro de que todavía quieres aprender el camino de la Vida Verdadera en Jesús, entonces, ¡comencemos!

Por favor, perdóname por empezar con lo básico. Sé que sabes estas cosas, pero aún así, creo que es importante para el establecimiento de una buena base. Nunca está de más revisar las verdades vitales.

La vida cristiana es una vida sobrenatural. No son sólo algunas ideas acerca de Dios, o un conjunto de reglas, o un nuevo esfuerzo por vivir una mejor vida. Es una vida de fe. Es una vida donde las maravillas de Jesucristo —quién es él, y qué hace, ha hecho, y hará— nos sostienen. Es una vida que se vive en la maravilla del Evangelio. Es una vida que se vive por el poder de la bondad inmerecida de Dios. Es una vida que se vive en la realidad de un pasado perdonado y un futuro seguro. Es una vida habitada por Dios mismo —una *unión* sobrenatural de un pecador perdonado con un Salvador misericordioso.

Esta es la Vida Verdadera

Pero, ¡esto se ha hecho tan malentendido, tan complicado, tan tergiversado! La simplicidad que es Jesús y Su Evangelio se ha convertido en una "religión" — nuestros esfuerzos para apaciguar a Dios. La corriente cristalina del Cristiano a menudo se convierte en un charco estancado. Sin embargo, Dios quiere para ti, para mí, y para cada creyente común nada menos que Él mismo viva dentro, con nada menos que la Vida Verdadera que viene desde lo más profundo de nuestros corazones. Jesús dijo:

> Si alguien tiene sed, que venga a Mí y beba. El que cree en Mí, como ha dicho la Escritura: «De lo más profundo de su ser brotarán ríos de agua viva». Pero Él decía esto del Espíritu, que los que habían creído en Él habían de recibir (Juan 7:37-39).

Así que me temo que tengo que empezar con algunas cosas negativas. Esa no es en realidad la orientación de mi corazón… señalar problemas no me causa ninguna alegría… pero tengo que hacerlo.

«No podría ser un mejor amigo para ti que al invertir en tu santidad y crecimiento como Cristiano».

«Si quieres una vida fácil, ¡mantente alejado de Jesús!».

«Aquellos que quieren a Jesús "y…" o a Jesús "con…" terminan recibiendo "y" o "con", pero no recibiendo a Jesús».

Errores comunes

Tal vez el error más común en la comprensión de la Vida Verdadera sea simplemente confundir la creencia correcta— ideas ortodoxas— con la verdadera vida espiritual. Puede que no sea amable referirse a las personas como «aparentadores», pero eso es lo que somos si simplemente nos definimos por nuestro apego a cierta iglesia o postura y pensamos que esto nos hace verdaderos seguidores de Jesús. No es de extrañar que el cristianismo esté dividido en incontables grupos, cuando muchos piensan que su identidad con su pequeña secta es lo que los hace verdaderos cristianos. Sí, la creencia correcta es vital. La Vida Verdadera no puede surgir de lo que es falso. Pero el ser capaces de pasar un examen de teología (¡incluso obtener un título en teología!) no garantiza la vida de Dios habitando en el alma. La Biblia nos dice que incluso los demonios creen (Santiago 2:19). Probablemente, ellos podrían pasar un examen de teología, ¡pero ciertamente no tienen la vida de Dios en su interior!

Aun otros ponen su confianza en el cumplimiento de sus deberes, como si eso los hiciera verdaderos cristianos. Los deberes son buenos, pero deben surgir *de* la Vida Verdadera, no ser un substituto de ella. Ser amable con los demás, ser fiel a la iglesia, dar a los pobres, mantener un «tiempo devocional» personal, todo esto son cosas buenas. Sin embargo, si uno piensa que al cumplirlas apropiadamente está de este modo experimentando lo que Jesús tiene para él, entonces está tristemente equivocado. No *hacemos* cosas cristianas para *llegar a ser* cristianos. Primero nos volvemos nuevos en Jesús y luego vivimos nuestra vida nueva. Así como un hombre se convierte en soldado antes de vivir como soldado, «convertirse» siempre va antes de «hacer».

Luego, estamos los que confiamos en nuestros sentimientos y experiencias. En efecto, ¡es fácil engañarse aquí! Por supuesto, queremos comprometer verdaderamente nuestro corazón con Dios, pero si confundimos nuestro celo y pasión con la Vida Verdadera, entonces estamos poniendo nuestra confianza en el lugar equivocado. Algunos piensan que lo más importante es cómo nos sentimos —como si nuestras afecciones compensaran cualquier defecto. Pero incluso la oración ruidosa o emocional, y el dirigirse a Jesús con expresiones de amor y pasión —todo lo cual, una vez más, es bueno en el lugar que le corresponde—, en sí mismos no hacen a nadie participante de la Vida Verdadera.

Somos muy capaces de engañarnos a nosotros mismos. ¡Podemos confundir nuestro sudor y nuestra voz alta con la Vida Verdadera del corazón! O, podemos pensar que nuestro orgullo malhumorado es «sobriedad cristiana». Nuestro enojo carnal hacia los demás podemos confundirlo por «el verdadero celo por la causa de Cristo». Nuestras malas actitudes hacia nuestros jefes, padres, o líderes, podemos verlas como «valentía» y «resolución». Por lo tanto, ¡cuán importante es que lleguemos a comprender verdaderamente la Vida Verdadera que Jesús anhela impartirnos!

¡De eso se trata esta carta!

Ahora, comencemos a explorar esta Vida Verdadera

Permíteme comenzar describiéndote la Vida Verdadera. No voy a caer en la tentación de sólo «decirte lo que tienes que hacer». ¡Ese es un error demasiado común! Empecemos a explorar la experiencia del genuino cristianismo, y luego hablaremos sobre el «hacer».

La Vida Verdadera es algo muy diferente a las meras imitaciones sombrías que a menudo vemos a nuestro alrededor. Aquellos que han comenzado a experimentar lo que el Señor tiene para ellos no tienen tiempo ni amor para lo falso. Un cristiano está comenzando a saber, no sólo gracias a su credo, sino en realidad en su experiencia, que la Vida Verdadera es nada menos que *la unión de su vida con Dios*... La vida misma de Dios se imprime en la suya, o como lo dijo el apóstol Pablo: Cristo es formado en nosotros (cf. Gálatas 4:19).

> ¿No saben que ustedes son templo de Dios y que el Espíritu de Dios habita en ustedes? Si alguno destruye el templo de Dios, él mismo será destruido por Dios; porque el templo de Dios es sagrado, y ustedes son ese templo (1 Corintios 3:16-17).

El cristianismo, la Vida Verdadera, es nada menos, y nada más, que la vida de Dios en el alma del hombre; Dios el Espíritu Santo habitando en el creyente. Si bien abarca el credo y los sentimientos, los deberes y las doctrinas, va más allá: es una *vida divina*. Es *sobrenatural*.

Quiero presentarte primero esta vida divina viendo de qué manera es una *vida* y luego de qué manera es una vida divina.

La Vida Verdadera que da Cristo es permanente y estable

Primero, he decidido llamar *vida* al cristianismo. La *vida* habla de algo que perdura y con lo cual se puede contar, en oposición a algo que es efímero o momentáneo. Esto implica crecimiento y vitalidad. La Vida Verdadera no es sólo un acontecimiento repentino, o una emoción pasajera —ni siquiera una que aparentemente transporta a un éxtasis espiritual. No es nada inusual para muchos tener temporadas increíbles de actividad o sentimiento «religioso». Algunos parecen crecer a un ritmo asombroso, pero de repente se marchitan. Ellos comienzan calientes, pero tarde o temprano se van enfriando.

> Ese mismo día salió Jesús de la casa y se sentó a la orilla del mar. Y se congregaron junto a Él grandes multitudes, por lo que subió a una barca y se sentó; y toda la multitud estaba de pie en la playa. Y les habló muchas cosas en parábolas, diciendo: «El sembrador salió a sembrar; y al sembrar, parte de la semilla cayó junto al camino, y vinieron las aves y se la comieron. Otra parte cayó en pedregales donde no tenía mucha tierra; y enseguida brotó porque no tenía profundidad de tierra; 6 pero cuando salió el sol, se quemó; y porque no tenía raíz, se secó… El que tiene oídos, que oiga» (Mateo 13:1-9).

Lo que sea que haya pasado no ha sido una verdadera obra de Dios trayendo la Vida Verdadera al alma. Al igual que los cuerpos repentinamente decapitados, estos tienen muchos movimientos, pero la vida se ha ido… por más profunda que sea la agitación, no hay manera que pueda perdurar. En contraste, el camino de un verdadero cristiano, en quien habita la Vida Verdadera, resultará estable, constante y perdurable porque procede de una unión con la mismísima vida divina.

La Vida Verdadera es libre y no obligada por fuerzas externas, sino por la vida interna

El simple y genuino creyente en Jesús es el poseedor de la Vida Verdadera. Él no está obligado por amenazas. No es atraído por promesas de riqueza o salud. No es un legalista que simplemente obedece reglas externas. Dentro de él habita el libre e ilimitado amor de Dios: la vida misma. Por lo tanto, no está obligado externamente, sino que es interiormente movido y potenciado. *Dios ha puesto su mismísima vida en él.*

> Por esta causa, pues, doblo mis rodillas ante el Padre de nuestro Señor Jesucristo, de quien recibe nombre toda familia en el cielo y en la tierra. Le ruego que Él les conceda a ustedes, conforme a las riquezas de Su gloria, el ser fortalecidos con poder por Su Espíritu en el hombre interior; de manera que Cristo habite por la fe en sus corazones. También ruego que arraigados y cimentados en amor, ustedes sean capaces de comprender con

> todos los santos cuál es la anchura, la longitud, la altura y la profundidad, y de conocer el amor de Cristo que sobrepasa el conocimiento, para que sean llenos hasta la medida de toda la plenitud de Dios (Efesios 3:14-19).

Por lo tanto, el amor que un creyente ferviente tiene hacia Dios y las cosas buenas de Dios (en contraposición a las cosas pecaminosas que solía amar) no es el resultado de la presión externa, ni de reglas, o mandamientos, sino que brota de algo interior, que Dios ha puesto allí… ¡una nueva naturaleza! Del mismo modo, incluso en su vida devocional, un poseedor de la Vida Verdadera no lee su Biblia ni ora por obligación. No está tratando de mantener a Dios feliz, o de calmar su conciencia, sino que su devoción brota de la vida divina que está en él. Es una acción «natural» (causada *sobre*naturalmente) porque él ha nacido de nuevo…su alma ha cobrado vida. Su vida de oración, su diligencia para arrepentirse, y su deseo de estar con Dios no surgen meramente del deber, sino de un profundo deseo y un profundo sentido de su necesidad del Señor.

> De modo que si alguno está en Cristo, nueva criatura (nueva creación) es; las cosas viejas pasaron, ahora han sido hechas nuevas (2 Corintios 5:17).

Así que él ora, lee su Biblia, y se arrepiente, no porque lo obliguen, sino porque está consciente de lo desesperado que está por Dios, de lo bueno y misericordioso que es Dios con él, y de lo necio que es vivir sin el Señor y seguir el camino del pecado… el cual sólo conduce a la miseria. Él ha sido reconfigurado, reorientado, cambiado. Vive en asombro y maravillado de que Cristo haya tomado su pecado sobre sí mismo en la cruz (2 Corintios 5:21) y nunca olvida el hecho glorioso de que sus pecados han sido quitados (cf. Juan 1:29).

> Pero gracias a Dios que, aunque antes eran esclavos del pecado, ya se han sometido de corazón a la enseñanza que les fue transmitida. En efecto, habiendo sido liberados del pecado, ahora son ustedes esclavos de la justicia (Romanos 6:17-18).

Del mismo modo, el bien que él hace —como los actos de caridad y la bondad— no son forzados por el legalismo externo, sino que brotan del amor interior. Si bien no se le impone ninguna obligación, no obstante, su corazón no puede dejar de ser movido a misericordia y a la generosidad con los demás. Vivir injustamente con los demás, o salvaje y neciamente, ahora es contrario a su nueva naturaleza. Todo esto es sobrenatural. Por lo tanto, Juan puede (atreverse a) decir: «Ninguno que es nacido (engendrado) de Dios practica el pecado, porque la simiente de Dios permanece en él. No puede pecar, porque es nacido de Dios» (1 Juan 3:9). Desde luego, al cristiano le agrada la ley de Dios, y la honra, pero él obedece la ley de Dios no porque tenga miedo de sus sanciones, sino porque realmente percibe su bondad y pureza. Esta es una revolución en la manera en que ve las cosas. De nuevo, él no es movido por la presión externa, sino por el amor interior. Él ve claramente que la ley de Dios es buena y razonable, y que para él hay una gran recompensa en la obediencia. En otro tiempo la ley de Dios lo indignaba, pero ahora él la ama y la cumple con un poder recién descubierto.

> La ley del Señor es perfecta,
> que restaura el alma;
> el testimonio del Señor es seguro,
> que hace sabio al sencillo.
> Los preceptos del Señor son rectos,
> que alegran el corazón;
> el mandamiento del Señor es puro,
> que alumbra los ojos.
> El temor del Señor es limpio,
> que permanece para siempre;
> los juicios del Señor son verdaderos,
> todos ellos justos;
> deseables más que el oro;
> sí, más que mucho oro fino,
> más dulces que la miel
> y que el destilar del panal.
> Además, Tu siervo es amonestado por ellos;
> en guardarlos hay gran recompensa
> (Salmos 19:7-11).

Aquellos que están llenos del amor de Dios normalmente no necesitan ser motivados por amenazas y reglas. El amor es un motor más poderoso que la ley.

Piensa en Jesús. ¿Qué dijo él que lo motivaba? ¿La presión externa de su Padre? ¿Un libro de reglas? ¿Recuerdas lo que dijo cuando sus discípulos (sorprendidos) lo encontraron pasando tiempo con la mujer samaritana? «Mi comida», dijo Jesús, «es hacer la voluntad del que Me envió y llevar a cabo Su obra» (Juan 4:34). Así como sentimos hambre de comida, y nos satisfacemos por ella, así un creyente es

«Así como un hombre se convierte en soldado antes de vivir como soldado, "convertirse" siempre va antes de "hacer"».

«Aquellos que han comenzado a experimentar lo que el Señor tiene para ellos no tienen tiempo ni amor para lo falso».

«Un poseedor de la Vida Verdadera no lee su Biblia ni ora por obligación».

«El cristiano obedece la ley de Dios no porque tenga miedo de sus sanciones, sino porque realmente ve en ella Su bondad y pureza».

«El amor es un motor más poderoso que la ley».

«naturalmente» (en realidad, es *sobre*natural, porque Dios ha puesto una nueva naturaleza en él) atraído hacia la voluntad de Dios y sólo se satisface haciéndola. Él no está forzado a hacerlo, él está felizmente atraído hacia ella. No estoy diciendo que la presión externa nunca sea necesaria, pero no es la manera usual para un verdadero creyente que posea la Vida Verdadera. Tal vez un bebé cristiano —o uno relajado, o uno mundano— necesiten ser reprendidos y ser empujados o ser movidos a la acción por las esperanzas o por los temores o por la presión de los demás, pero este no es el caso normal para el cristiano.

Aquí hay buenas noticias para ti: si estás buscando ser fiel y ferviente en tu caminar con Dios, si estás deseando ser feliz y obediente en hacer la voluntad de Dios, si estás esperando que la Vida Verdadera brote de dentro de ti, en lugar de estar obligado por cosas fuera de ti, ¡entonces anímate! Estos son signos de que la Vida Verdadera está creciendo dentro de ti, aunque estos puedan ser brotes pequeños y tiernos. Ten la seguridad de que el Dios del cielo apreciará la menor evidencia de su vida dentro de ti y asegurará su progreso y crecimiento.

> Estoy convencido precisamente de esto: que el que comenzó en ustedes la buena obra, la perfeccionará hasta el día de Cristo Jesús (Filipenses 1:6).

> No quebrará la caña cascada, ni apagará la mecha que humea (Mateo 12:20).

Pero —cuidado— aquel en cuyo interior no se agita ese tipo de vida (ni siquiera en la forma más pequeña), y ni siquiera la desea, sino que está feliz y plenamente contento con una vida modelada por la costumbre, lo que hace la mayoría, o la religión exterior; aquel no puede ser llamado un verdadero cristiano, así como a un títere no se lo puede llamar persona.

La religión —me refiero a los intentos formales, forzados y basados en reglas para apaciguar a Dios, a los demás y a nuestra propia conciencia— produce una pesadez de espíritu. Es como empujar una pesada carga cuesta arriba. Es como una esposa que siempre trata de cumplir con su deber —tal vez guardando las apariencias— en un matrimonio sin amor. Puedes ver claramente que tal religión no puede producir un corazón libre y generoso. Es como un cadáver: frío y sin vida. Tiene forma de piedad, pero nada de su poder (cf. 2 Timoteo 3:5). Siempre será tacaño para dar —exactamente lo opuesto a como es el Señor y lo que su gracia produce en un simple creyente. Si la Vida Verdadera es el producto de la gracia superabundante, y por lo tanto produce una vida y un dar superabundante, entonces el legalismo, el producto de la religión basada en obras, sólo puede producir una vida fría y calculada que siempre hace sólo lo que se requiere y nada más.

> Pues de Su plenitud todos hemos recibido, y gracia sobre gracia. Porque la Ley fue dada por medio de Moisés; la gracia y la verdad fueron hechas realidad por medio de Jesucristo (Jesús el Mesías) (Juan 1:16-17).

Lejos de ser fría y calculadora, la persona que se entregó completamente a Jesús nunca pensará que está haciendo demasiado por él. La palabra sacrificio, en referencia a sí mismo y a sus obras, ni siquiera será parte de su vocabulario.

La Vida Verdadera es una vida divina y sobrenatural

Espero que ya tengas claro que el cristianismo —la Vida Verdadera— es totalmente diferente de la mera obediencia forzada por la presión religiosa externa. Es un principio vivo dentro del corazón, nacido allí por la acción de Dios mismo. No es y no puede ser sostenido o motivado por las cosas externas débiles como la esperanza de una recompensa o el temor al castigo, incluso si tales cosas realmente existen y son verdaderas. Ellas no son más que motivaciones secundarias y potenciamientos para el cristiano.

Habiendo establecido que aquí estamos tratando con la vida y no sólo haciendo la mímica de la vida (como un pollo sin cabeza), necesitamos ver que esta vida es una vida *divina*. Es decir, viene de Dios y depende totalmente de Él. Dios es la fuente, y el sostenedor de la Vida Verdadera: «En Él estaba (existía) la Vida...» (Juan 1:4). Por medio de su Espíritu Santo, él implanta la vida en aquellos que de otro modo tendrían solamente vida física. También es una vida divina porque tiene semejanza con la naturaleza misma de Dios cuando nace en el corazón de un pecador. Es como un haz de luz divina que resplandece en —y fuera de— una vida que de otro modo estaría oscurecida por el pecado, o como una gota del infinito océano de la bondad de Dios colocada en el corazón de un creyente. Es la imagen de Dios siendo restaurada e iluminando el alma de una persona redimida. Eso es lo que la Biblia quiere decir cuando se refiere a los cristianos como nacidos de nuevo, en quienes habita Dios, o Cristo siendo formado dentro de ellos.

Cuando el muy religioso Nicodemo se atrevió a preguntarle a Jesús acerca del Reino de Dios (Juan 3), Jesús le explicó al líder perplejo que algo tenía que pasar con él si habría de entrar en el Reino de Dios (experimentar la Vida Verdadera). Cuando Jesús le dijo a Nicodemo: «Tienen que nacer de nuevo» (Juan 3:7), Jesús no está apuntando al hombre con el dedo y ordenándole que *él* «haga» algo, sino que está explicando lo que *Dios* quiere hacerle: impartir su vida nueva en Nicodemo.

> Este es el pacto que haré con ellos
> después de aquellos días, dice el Señor:
> «Pondré Mis leyes en su corazón,
> y en su mente las escribiré» (Hebreos 10:16).

> Les daré un nuevo corazón, y les infundiré un espíritu nuevo; les quitaré ese corazón de piedra que ahora tienen, y les pondré un corazón de carne. 27 Infundiré mi Espíritu en ustedes, y haré que sigan mis preceptos y obedezcan mis leyes (Ezequiel 36:26-27).

Si el cristianismo es una vida sobrenatural, ¿qué es la vida natural?

Vamos más lejos con esto. Quiero asegurarme de ver la vital diferencia entre la mera vida física o «animal» y lo que Dios quiere impartirte. Así que, antes de que exploremos la verdadera vida espiritual —la vida sobrenatural— será útil entender la vida natural o «animal». Al entender lo menor entenderemos mejor lo mayor. La vida natural es lo que todo el mundo tiene en virtud del nacimiento físico. Se caracteriza por nuestro deseo de lo que es agradable a nosotros mismos, a nuestra naturaleza. Alimenta el egoísmo y el amor a uno mismo, y se propaga salvajemente no sólo en cada persona, sino en todas las culturas y sociedades. Esa vida natural (animal) se sustenta en nuestros sentidos y emociones: lo que podemos tocar, probar, ver, oler, sentir, y escuchar, mientras que la vida sobrenatural se fundamenta no sólo en lo que podemos sentir, sino también en la fe. Lo más importante que hay que entender es que el único objetivo de la vida natural es traer placer a la vida de uno mismo.

En sí misma, nuestra vida natural no es mala. Nos ha sido dada por la sabiduría y la bondad de Dios. En el mejor de los casos, nuestros deseos y apetitos naturales nos llevan a preservar nuestras vidas, a cuidar de nosotros mismos, y de los que nos rodean. Incluso las simples bestias son motivadas por los deseos de preservarse a sí mismas y a los de su especie. Pero los *seres humanos*, hechos a imagen de Dios, han sido creados para algo más que sólo la vida natural y los deseos animales. Debemos ser guiados por algo más grande que la simple preservación y el mejoramiento de nuestras vidas físicas. Por lo tanto, es un crimen contra Dios —y contra su imagen que poseemos— cuando nos vemos atrapados y entusiasmados por las cosas de nuestras vidas naturales (como si *solo* fuéramos animales —aun los «superiores») para abandonar nuestro propósito más noble y nuestro diseño más elevado. De

«Ten la seguridad de que el Dios del cielo apreciará la menor evidencia de su vida dentro de ti y asegurará su progreso y crecimiento».

«El legalismo, el producto de la religión basada en obras, sólo puede producir una vida fría y calculada que siempre hace sólo lo que se requiere y nada más».

«El único objetivo de la vida natural es traer placer a la vida de uno mismo».

«Los impulsos naturales gobiernan al hombre natural, y los impulsos divinos gobiernan al hombre sobrenatural».

ninguna manera estoy sugiriendo que nuestra vida natural deba ser destruida (es una creación de Dios), sino que debe ser *dominada*, *atada*, y *gobernada* por nuestra vida espiritual sobrenatural. El menor debe servir al mayor. La principal diferencia entre una persona que ha nacido una vez y una persona que ha nacido dos veces es muy simple: los impulsos naturales gobiernan al hombre natural, y los impulsos divinos gobiernan al hombre sobrenatural. Necesitamos entender que conformarse con lo natural cuando somos llamados a lo sobrenatural, para simplemente deleitarnos en lo animal y así descuidar lo espiritual, es la verdadera maldad.

Algunas marcas de la vida natural

La vida natural es peligrosamente engañosa. Puede llevar a la gente a realizar acciones y hábitos, algunos de los cuales son obviamente horribles, otros educados y aceptables, todo dependiendo de las circunstancias que la están presionando. Una persona determinada puede ver sus acciones como comparativamente buenas y correctas (y por lo tanto pensar muy bien de sí misma) sin darse cuenta de que en realidad aquellas surgen de la misma fuente que la conducta exteriormente malvada.

Piensa en esto conmigo. Sólo basta con considerar cómo son algunas personas. Algunas son desenvueltas, tal vez hasta el punto de la necedad y la conducta ridícula. Otras pueden ser serias y siempre calmadas, sin atreverse a comportarse de manera imprudente ni extravagante. Así que la gente los ve como comparativamente buenos y reverentes, y a los otros como malos. La gente estima a uno y evita al otro. Pero, ¿es así como Dios ve las cosas?...

Otros parecen haber nacido desdichados. Ahí están: malhumorados y amargados. Evitan la compañía y parecen extender la miseria donde sea que vayan. Afortunadamente, ¡no todo el mundo es como ellos! Hay algunos que parecen tener una naturaleza tan dulce que sólo quieres estar cerca de ellos, y les encanta estar cerca de los demás. Son naturalmente agradables, considerados hacia los demás, y esparcen ánimo dondequiera que vayan. ¡El mundo parece ser un mejor lugar gracias a ellos! Es demasiado fácil ver a los primeros como malos y a los últimos como justos. Pero, ¿qué ve Dios?...

Algunos nunca han tenido las ventajas naturales de que les enseñen a comportarse frente a los demás. Sólo siguen su instinto animal para buscar su mayor placer y para hacer que todas las cosas operen para su propio beneficio. A otros se les ha enseñado la conducta correcta y la decencia. Ellos no pensarían en hacer las cosas ruines e indecentes que otros hacen. Parecen ser incapaces de tener mal comportamiento. ¿Esto significa que ellos son mejores delante de Dios que los ignorantes?...

Una persona efectivamente puede pensar en dejar el mal comportamiento por un buen comportamiento… y aún así no ser cristiana en modo alguno. Puede pensar que la borrachera y la lujuria y todos los otros tipos de comportamientos destructivos lo están arruinando a él y su reputación, y concentrar sus facultades naturales para enmendarse. Esto puede ser el poder de nada más grande que el amor por uno mismo. Todo el mundo puede verlo como un hombre justo, cuando en realidad está motivado por nada más grande que el orgullo, la reputación, o el amor a su dinero (cuando se da cuenta de que su mal comportamiento lo lleva al derroche). Ve que la mejor manera de asegurar su interés personal en el mundo es comportarse.

Pero el yo natural puede ser aún más engañoso. Una persona completamente natural puede incluso llegar a ser muy «religiosa» y llegar muy lejos en el camino de la auto-justificación, el aprendizaje, y la piedad. Uno puede estudiar teología, agregando tanto conocimiento impresionante a su ya impresionante vida. Otros podrían asombrarse y amar estar en compañía de alguien tan erudito y piadoso. Él o ella podría incluso enseñar, predicar y exponer el conocimiento de la Biblia y la teología, todo al servicio de la propia vida. Piensa en lo *religioso* que era el apóstol Pablo *antes* de ser cristiano:

> Si algún otro cree tener motivo para confiar en la carne, yo mucho más: circuncidado a los ocho días de nacer, del linaje de Israel, de la tribu de Benjamín, Hebreo de Hebreos; en cuanto a la Ley, Fariseo; en cuanto al celo, perseguidor de la iglesia; en cuanto a la justicia de la Ley, hallado irreprensible.
> Pero todo lo que para mí era ganancia, lo he estimado como pérdida por amor de Cristo. Y aún más, yo estimo como pérdida todas las cosas en vista del incomparable valor de conocer a Cristo Jesús, mi Señor. Por Él lo he perdido todo, y lo considero como basura a fin de ganar a Cristo, y ser hallado en Él, no teniendo mi propia justicia derivada de la Ley, sino la que es por la fe en Cristo (el Mesías), la justicia que procede de Dios sobre la base de la fe (Filipenses 3:4-9).

Asimismo, Jesús contó una historia acerca de un hombre que era muy religioso, pero no era justo delante de Dios:

> Dijo también Jesús esta parábola a unos que confiaban en sí mismos como justos, y despreciaban a los demás: «Dos hombres subieron al templo a orar; uno era Fariseo y el otro recaudador de impuestos. El Fariseo puesto en pie, oraba para sí de esta manera: "Dios, te doy gracias porque no soy

como los demás hombres: estafadores, injustos, adúlteros; ni aun como este recaudador de impuestos. Yo ayuno dos veces por semana; doy el diezmo de todo lo que gano".

Pero el recaudador de impuestos, de pie y a cierta distancia, no quería ni siquiera alzar los ojos al cielo, sino que se golpeaba el pecho, diciendo: "Dios, ten piedad de mí, pecador". Les digo que éste descendió a su casa justificado pero aquél no; porque todo el que se engrandece será humillado, pero el que se humilla será engrandecido» (Lucas 18:9-14).

Una vida retraída sobre sí misma por el amor propio puede incluso desear escuchar, pensar, y hablar del cielo. ¿Por qué no? La Biblia habla muchas maravillas del cielo: las imágenes verbales de coronas, ríos cristalinos y placeres eternos pueden hacer que cualquier persona mundana quiera estar allí —ignorando el hecho de que el gozo central del cielo es la presencia misma de nuestro maravilloso Dios. Asimismo, cuando un amante de sí mismo oye que Jesús ha hecho posible el cielo, al comprar un pueblo para sí con su propia sangre, este podría incluso tener un tierno afecto por Jesús, un aprecio por él en sus emociones: «¡Qué maravilloso es Jesús!». Por lo tanto, él podría pensar que ama a Jesús, cuando en realidad no ama al Jesús del que habla la Biblia: el Rey de Reyes y el Señor de Señores. Él simplemente ama a un Jesús que él ha formado en su propia mente que servirá a sus propósitos ruines y egoístas. Artistas, músicos, poetas, y toda clase de personas pueden hablar y cantar dulcemente de Jesús sin inclinarse ante él como Señor. Todo es «natural» y no necesariamente «sobrenatural» en lo absoluto.

En resumen, entonces, no estoy diciendo que sea malo para las personas usar sus ventajas naturales para mejorar como personas, o para animarse a sí mismas a actuar de una manera decente. Pero, si nos entusiasmamos con lo meramente natural y lo confundimos con lo sobrenatural («vida» por la Vida) entonces hemos cruzado los límites y hemos cometido un grave error de juicio. Lo que una persona es por naturaleza —educada o sencilla, cortés o grosera, religiosa o secular— no dice necesariamente nada sobre el estado profundo de su corazón.

¿Qué es la vida sobrenatural? La fe enfocada en cuatro elementos esenciales

Ahora es tiempo de retomar nuestro descubrimiento de lo que es la vida sobrenatural, o la Vida Verdadera. Voy a describirla primero, y luego ofreceré ayuda para que

«Una persona efectivamente puede pensar en dejar el mal comportamiento por un buen comportamiento y aún así no ser cristiana en modo alguno».

«Artistas, músicos, poetas, y toda clase de personas pueden hablar y cantar dulcemente de Jesús sin inclinarse
ante él como Señor».

«Lo que una persona es por naturaleza no dice necesariamente nada sobre el estado profundo de su corazón».

«El mundo alrededor no está necesariamente impresionado con la vida sobrenatural del cristiano».

la experimentes por ti mismo. Así que, ¡no desesperes cuando veas lo maravillosa que es! ¡No es imposible!

Recuerda que es la *unión* de una vida con Dios mismo. Puede resumirse en la descripción bíblica: «Una vida escondida con Cristo en Dios».

> Porque ustedes han muerto, y su vida está escondida con
> Cristo en Dios (Colosenses 3:3).

> A éstos Dios quiso dar a conocer cuáles son las riquezas de la
> gloria de este misterio entre los Gentiles, que es Cristo en ustedes, la esperanza de la gloria (Colosenses 1:27).

> He sido crucificado con Cristo, y ya no vivo yo, sino que Cristo
> vive en mí. Lo que ahora vivo en el cuerpo, lo vivo por la fe en el
> Hijo de Dios, quien me amó y dio su vida por mí (Gálatas 2:20).

Puesto que es una vida «escondida con Cristo», por lo tanto, no se trata de exhibición. El mundo alrededor no está necesariamente impresionado con la vida sobrenatural del cristiano, y es **inútil** que el cristiano intente impresionar al mundo con su espiritualidad o poder espiritual. El incrédulo —que no posee más que vida animal— suele no sentirse impresionado con la Vida Verdadera cuando la ve, ni siquiera puede reconocerla, y si lo hace, la considerará inútil y tonta. La vida natural está rodeada por el yo, se ama a sí misma y termina en sí misma. Es estrecha y ocupa una esfera muy pequeña. Su meta más alta es complacer su naturaleza inferior. Por lo tanto, es continuamente atraída hacia aquellas cosas que complacerán y servirán a esa naturaleza. Por el contrario, la Vida Verdadera ha elevado su mirada al amor ilimitado de Dios, y ha reclamado Su señorío sobre su naturaleza inferior. Siempre y cuando Dios esté controlando nuestra vida, esta nunca complacerá los impulsos y la insistencia de la vida inferior.

La raíz de la Vida Verdadera es la fe... no es sólo una creencia vaga, sino que es una fe muy específica y enfocada en Jesucristo y su Evangelio. Esta fe se expresa de cuatro maneras principales: 1) el verdadero amor a Dios, 2) un corazón de amor hacia las personas, 3) un corazón para la pureza, 4) la humildad respecto a uno mismo.

Podemos llamar a estos cuatro elementos necesarios las ramas de la Vida Verdadera. Por simple que pueda parecer esta descripción, en realidad es un retrato de una vida tan embellecida por la gracia, que ningún ángel o persona puede concebir o decir algo más excelente o digno de alabanza.

> Uno de ellos, intérprete de la Ley (experto en la Ley de Moisés), para poner a prueba a Jesús, Le preguntó: «Maestro, ¿cuál es el gran mandamiento de la Ley?».
> Y Él le contestó: «Amarás al Señor tu Dios con todo tu corazón, y con toda tu alma, y con toda tu mente. Este es el grande y primer mandamiento. Y el segundo es semejante a éste: Amarás a tu prójimo como a ti mismo. De estos dos mandamientos dependen toda la Ley y los Profetas» (Mateo 22:35-40).
> Antes bien, vístanse del Señor Jesucristo, y no piensen en proveer para las lujurias de la carne (Romanos 13:14).

La fe obra en la vida sobrenatural de la misma manera que los sentidos obran en la vida natural. Al igual que la vista y el olfato, el tacto y la audición nos permiten relacionarnos con el mundo natural, así la fe nos permite relacionarnos con el mundo sobrenatural. Es la visión espiritual. Por la fe recibimos las verdades divinas como verdaderas, comenzando con el Evangelio. Así que, de nuevo, la fe no es un sentimiento nebuloso, indefinido, sino una aprehensión, una convicción de que Dios ha tenido misericordia de nosotros a través de Jesús. La «fe» significa «fe *en Jesucristo*, crucificado y resucitado».

> Yo te envío, para que les abras sus ojos a fin de que se conviertan de las tinieblas a la luz, y del dominio de Satanás a Dios, para que reciban, por la fe en Mí, el perdón de pecados y herencia entre los que han sido santificados (Hechos 26:17-18).
> Mi oración es que los ojos de su corazón les sean iluminados, para que sepan cuál es la esperanza de Su llamamiento, cuáles son las riquezas de la gloria de Su herencia en los santos, y cuál es la extraordinaria grandeza de Su poder para con nosotros los que creemos (Efesios 1:18-19).

Las cuatro ramas de la Vida Verdadera

Quiero mostrarte brevemente las cuatro ramas principales de la Vida Verdadera. Recuerda que todo lo que estoy haciendo ahora mismo es describir la Vida Verdadera. ¡Aún no estamos hablando de lo que hacemos! Vamos a profundizar en estas cuatro ramas principales un poco más tarde, pero esta es una descripción en pocas palabras:

1) El amor a Dios. Cuando por fe uno cree en el Evangelio y despierta al

hecho del amor de Dios, el alma no puede dejar de entregarse de lleno y con agrado a Aquel que la amó primero... y lo demostró en una cruz (cf. Romanos 5:6-8). El amor dirigido hacia Dios es la primera «rama» que brota de la raíz de la fe. Lo que más desea la Vida Verdadera es complacer la fuente de esa Vida. Esto no es legalismo, sino el resultado inevitable del amor de Dios recibido por la fe. Del mismo modo, el creyente en Jesús no puede dejar de querer estar con Jesús, y realmente comienza a caminar en una relación con Cristo, por fe. Es más, está dispuesto a sufrir por Jesús, o hacer cualquier cosa para promover su fama. Está presto a hacer todo lo que Jesús le pide que haga. El corazón de amor de un creyente por su Dios comienza con la comprensión del amor que Dios le tuvo a él primero. Ese amor se manifiesta por primera vez en el Evangelio. Luego crecerá para abarcar toda la bondad de Dios evidente en cada rincón de la creación, las obras y la Palabra de Dios.

2) El amor hacia los demás. Pero la Vida Verdadera no termina con el amor a Dios. No puede. Se extiende a las personas: su maravillosa creación, que lleva su Imagen, íntimamente relacionada con él. Este amor hacia la humanidad es la segunda rama de la vida sobrenatural de la gracia. Todas nuestras obligaciones hacia los demás pueden resumirse simplemente bajo el título de «Amor». El seguidor de Jesús, nacido de la gracia, no se limita a no hacer daño a su prójimo, sino que dentro de él hay un amor creciente por todos. Considera el mal cometido contra otro como un mal cometido contra sí mismo. Esto es sobrenatural. Él ha ido desde lo negativo —el desdén por los demás—, más allá de la neutralidad —la ambivalencia hacia los demás—, a lo positivo: el amor a los demás.

3) La pureza del corazón y la vida. ¿Qué se entiende por «un corazón para la pureza»? La pureza cristiana comienza con un dominio sobre sí mismo, y sobre los impulsos físicos «inferiores» que intentan gobernar la vida de uno. Hay impulsos y deseos que son malos y no servirán a la Vida Verdadera que Dios ha implantado en el hijo de la gracia. La pureza es una disposición a decir «no» a las acciones y pasiones malvadas y «sí» a la voluntad de Dios. Y va más allá de controlar los impulsos «inferiores» de uno y se expresa en actos positivos de valentía y elecciones nobles... que llevarán a la santidad y a la felicidad.

Porque la gracia de Dios se ha manifestado, trayendo salvación a todos los hombres, enseñándonos, que negando la impiedad y

«La fe obra en la vida sobrenatural de la misma manera que los sentidos obran en la vida natural».

«El creyente en Jesús no puede dejar de querer estar con Jesús, y realmente comienza a caminar en una relación con Cristo».

«La pureza es una disposición a decir "no" a las acciones y pasiones malvadas y "sí" a la voluntad de Dios».

«El seguidor de Jesús, nacido de la gracia, no se limita a no hacer daño a su prójimo, sino que dentro de él hay un amor creciente por todos».

«Una persona humilde y agradecida se someterá de buena gana y consecuentemente a la voluntad de Dios».

> los deseos mundanos, vivamos en este mundo sobria,
> justa y piadosamente... (Tito 2:11-12).

4) La humildad respecto a uno mismo. La humildad es una genuina percepción de la propia pecaminosidad, expresada en la actitud o en las acciones de uno. Por lo tanto, una persona humilde reconoce de buena gana y con alegría que se lo debe todo a la desbordante e inmerecida gracia y bondad abundante de Dios. De ello se deduce que una persona humilde y agradecida se someterá de buena gana y continuamente a la voluntad de Dios, cualquiera que esta sea, y al hacerlo evitará la atención, la aprobación y el aplauso del mundo.

Es imposible avanzar más allá de estas cuatro ramas. Este es el cielo siendo formado en el alma —aquí y ahora. El simple seguidor de Jesús que está encontrando estas profundas evidencias de la gracia en su propio corazón no necesita más pruebas de que le pertenece a Dios. No necesita descubrir los secretos de Dios para saber que ha nacido de Dios, porque ve la evidencia correcta en su propio corazón. Su amor a Dios es la evidencia de que él ha recibido el amor de Dios primero, y los comienzos del gozo al querer hacer la voluntad de Dios es para él una prueba de que una obra sobrenatural está ocurriendo en su interior... Aún cuando apenas está comenzando, el hecho de que haya empezado es evidencia y prueba de que una día será completada en el cielo.

> Estoy convencido precisamente de esto: que el que comenzó en ustedes la
> buena obra, la perfeccionará hasta el día de Cristo Jesús (Filipenses 1:6).

En vista de lo anterior, puedes entender por qué alguien ha dicho: «Prefiero ver las huellas reales de una naturaleza divina en mi propia alma, que tener una visión del Cielo, o de un ángel enviado a decirme que mi nombre fue escrito en el Libro de la Vida».

La Vida Verdadera se aprecia al máximo en la vida de Jesucristo

Cuando hemos agotado todas las palabras y hemos hecho todo lo posible por explicar las maravillas de la Vida Verdadera, el profundo misterio de lo que Dios ha hecho y está haciendo en el alma que ha sido despertada jamás se puede explicar cabalmente. La experiencia va más allá de nuestra capacidad de explicar.

> Todo el día contará mi boca de Tu justicia y de Tu salvación,
> porque son innumerables (Salmos 71:15).

Hay un sentido en que la obra realizada en lo profundo de un cristiano sólo puede ser entendida por esa alma despertada. Es algo profundo. Es relacional. Es personal. Es sobrenatural. Un abismo llama a otro. El Dios infinito se está relacionando con la vida interior de alguien hecho a su imagen a través de las maravillas del Evangelio y la obra de su Espíritu.

Hay un sentido en el que aquello que supera la explicación puede exponerse y entenderse mejor por lo que uno hace más bien que por lo que uno dice. Recordando que todos los asuntos de la vida fluyen desde dentro, del corazón de un hombre, la vida que uno lleva quizá sea una expresión más nítida de su vida secreta de lo que puede conocerse por otro medio:

> Con toda diligencia guarda tu corazón, porque de él brotan los manantiales de la vida (Proverbios 4:23).

> Porque no hay árbol bueno que produzca fruto malo, ni a la inversa, árbol malo que produzca fruto bueno. Pues cada árbol por su fruto se conoce. Porque los hombres no recogen higos de los espinos, ni vendimian uvas de una zarza. El hombre bueno, del buen tesoro de su corazón saca lo que es bueno; y el hombre malo, del mal tesoro saca lo que es malo; porque de la abundancia del corazón habla su boca (Lucas 6:43-45).

La mejor manera de poder medir la gracia en el corazón es por las acciones en la vida. El mejor y más obvio modelo de esto es nuestro Señor Jesús, cuya vida ejemplifica lo que él enseñó. Lo que él deseaba ver en otros, lo vivía delante de ellos. En él no había contradicción entre sus palabras y sus hechos. Si alguna vez la Vida Verdadera ha sido vivida, lo fue en Jesús. Este humilde planeta ha sido realmente honrado con la perfección en la persona y vida de Jesucristo.

> El Verbo (La Palabra) se hizo carne, y habitó entre nosotros, y vimos Su gloria, gloria como del unigénito (único) del Padre, lleno de gracia y de verdad (Juan 1:14).

> "Porque yo no encuentro ningún delito en Él".
> (Pilato, acerca de Jesús. Juan 19:6).

> Nosotros a la verdad, justamente, porque recibimos lo que merecemos por nuestros hechos; pero éste nada malo ha hecho. (El ladrón a punto de morir, acerca de Jesús; Lucas 23:41).

> Al que no conoció pecado, Lo hizo pecado por nosotros, para que fuéramos hechos justicia de Dios en Él (2 Corintios 5:21).

> Porque no tenemos un sumo sacerdote incapaz de compadecerse de nuestras debilidades, sino uno que ha sido tentado en todo de la misma manera que nosotros, aunque sin pecado (Hebreos 4:15).

Por lo tanto, tomémonos algún tiempo y exploremos estas cuatro ramas de la Vida Verdadera en nuestro Señor Jesús.

> Pero todos nosotros, con el rostro descubierto, contemplando como en un espejo la gloria del Señor, estamos siendo transformados en la misma imagen de gloria en gloria, como por el Señor, el Espíritu (2 Corintios 3:18).

El amor hacia Dios se mostró verdaderamente en Jesús

Jesucristo estaba lleno de amor verdadero por su Padre, y lo demostró en su continuo deseo de hacer la voluntad de su Padre. Su corazón que ardía de amor a Dios estaba felizmente resignado a los propósitos de su Padre. Incluso dijo que hacer la voluntad de su Padre era su alimento, es decir, eso alimentaba y sostenía su vida interior. Durante toda su vida, Jesús se ocupó en los asuntos de su Padre, incluso en la infancia.

> Entonces Él les dijo: «¿Por qué Me buscaban? ¿Acaso no sabían que Me era necesario estar en la casa (en las cosas) de Mi Padre?» Pero ellos no entendieron las palabras que Él les había dicho. Descendió con sus padres y vino a Nazaret, y continuó sujeto a ellos. Y Su madre atesoraba todas estas cosas (las palabras) en su corazón (Lucas 2:49-51).

Piensa en su encuentro con la mujer samaritana en Juan 4. Él salió de su camino para encontrarse con ella. Estaba feliz de tener hambre, estar débil y cansado, con tal de estar donde su Padre quería que estuviera. Mientras sus discípulos iban a buscar comida, fue refrescado por su divina cita con esa mujer pobre y quebrantada.

> Mientras tanto, los discípulos Le rogaban: «Rabí (Maestro), come». Pero Él les dijo: «Yo tengo para comer una comida que ustedes no saben». Entonces los discípulos se decían entre sí: «¿Le habrá traído alguien de comer?». Jesús les dijo: «Mi comida es hacer la voluntad del que Me envió y llevar a cabo Su obra» (Juan 4:31-34).

Él comenzó su tiempo con ella con una petición de agua, pero terminó declarando que el hacer la voluntad de su Padre lo había satisfecho. Estaba claro que para Jesús el hacer la voluntad de Dios era un gran gozo. Ya fuera que le resultara agradable o difícil, Jesús era paciente y diligente para hacer lo que su Padre deseaba de él.

Considera su paciencia como una expresión de su amor por su Padre

Sería muy difícil imaginar a cualquier persona que tuviera que soportar pacientemente más que Jesús. Su vida entera en la tierra fue una condescendencia y humillación en un grado que nadie más ha experimentado jamás:

> Haya, pues, en ustedes esta actitud (esta manera de pensar)
> que hubo también en Cristo Jesús,
> el cual, aunque exvistía en forma de Dios,
> no consideró el ser igual a Dios
> como algo a qué aferrarse,
> sino que Se despojó a sí mismo
> tomando forma de siervo,
> haciéndose semejante a los hombres.
> Y hallándose en forma de hombre,
> se humilló Él mismo,
> haciéndose obediente hasta la muerte,
> y muerte de cruz.
>
> Por lo cual Dios también Lo exaltó hasta lo sumo,
> y Le confirió el nombre que es sobre todo nombre,
> para que al nombre de Jesús se doble toda rodilla
> de los que están en el cielo, y en la tierra, y debajo de la tierra,

> y toda lengua confiese que Jesucristo es Señor,
> para gloria de Dios Padre (Filipenses 2:5-11).

Sin embargo, no hay registro de que Jesús alguna vez haya tenido un pensamiento de resentimiento o haya pronunciado una palabra de queja —en tanto que era completamente humano—, no fue extrañamente fanático, falto de sentimientos o estoico. Tenía la misma variedad de sentimientos y emociones que todos los demás, y probablemente mayor, ya que su persona entera no estaba afectada y limitada por el pecado. Claramente él vivió en plena conciencia del sufrimiento que lo esperaba en la cruz. (Recuerda, por ejemplo, cuando de hecho sudaba sangre en el Getsemaní, ya que la cruz se asomaba ante él). Sin embargo, incluso entonces se sometió completamente a la voluntad de su Padre.

Cuando en el Getsemaní Jesús oró que, si fuera posible, si su Padre lo deseaba, la copa de la ira de Dios por *nuestros* pecados pudiera pasar de él, Jesús concluyó esa oración en completa sumisión a la voluntad de su Padre: «Pero no se haga Mi voluntad, sino la tuya». Incluso antes de esa noche, Jesús comenzó a mostrarnos la angustia de su espíritu:

> Ahora está turbada mi alma; ¿y qué diré? ¿Padre, sálvame de esta hora?
> Mas para esto he llegado a esta hora (Juan 12:27 RV60).

¡Cuán importantes fueron (y son) estas palabras! Ellas revelan mucho del corazón y la mente de nuestro Señor Jesús. Aunque parecen, a primera vista, mostrar una vacilación, ciertamente muestran que Jesús realmente luchó con la realidad de lo que estaba delante de él. Su resolución se establece rápidamente con la respuesta a su propia interrogante: «[No (¡!)], mas para esto he llegado a esta hora».

No nos atrevemos a pensar que Jesús, en esta lucha con la voluntad de su Padre en el Getsemaní, fuera de algún modo culpable o débil. Cuando leemos los relatos del Evangelio, es evidente en todo momento que Jesús siempre conoció su propósito y su destino. Ni la cruz ni de la voluntad redentora de su Padre lo tomaron por sorpresa. Sino que la lucha en el Getsemaní y las primeras palabras del Evangelio de Juan nos hablan del peso —el peso inconcebible— que Jesús sabía que estaba a punto de soportar. Había un terror comprensible a la cruz. ¿Cómo no iba a haberlo? Sin embargo, había una voluntad, incluso un deseo más profundo que el terror, de hacer la voluntad de Dios, sabiendo que su muerte por los pecadores glorificaría a su Padre.

«La mejor manera de poder medir la gracia en el corazón
es por las acciones en la vida».

«[Jesús] estaba feliz de tener hambre, estar débil y
cansado, con tal de estar donde su Padre
quería que estuviera».

«Cuando leemos los relatos del Evangelio, es evidente en
todo momento que Jesús siempre conoció
su propósito y su destino».

La oración expresó el amor de Jesús por su Padre

El amor de Jesús por su Padre también quedó demostrado en su vida de oración. Piensa en esto: dos cosas que tienden a conducirnos a la oración: 1) pecados por confesar, y 2) preocupaciones terrenales, estaban ausentes en Jesús. Sin embargo, le encontramos levantándose temprano en la mañana para pasar tiempo con su Padre, y permaneciendo toda la noche en comunión y oración con su Padre. Creo que podemos deducir fácilmente que su *placer* era pasar tiempo con su Padre... Su vida entera fue, en un sentido estricto, una oración a su Padre, una devoción ininterrumpida y comunión con el cielo. Al igual que el altar en el templo de Israel, incluso si el sacrificio no se ofrecía, el fuego seguía vivo y ardiendo. Parece que nuestro Señor Jesús siempre tuvo cuidado de no estar dominado por esa frialdad de espíritu que tan a menudo nos estorba, que tenemos que vencer antes de poder pasar tiempo con nuestro Padre celestial.

> Y Aquél que Me envió está conmigo; no Me ha dejado solo, porque Yo siempre hago lo que Le agrada... Yo sabía que siempre Me oyes; pero Lo dije por causa de la multitud que Me rodea, para que crean que Tú Me has enviado (Juan 8:29, 11:42).

> Levantándose muy de mañana, cuando todavía estaba oscuro, Jesús salió y fue a un lugar solitario, y allí oraba... En esos días Jesús se fue al monte a orar, y pasó toda la noche en oración a Dios (Marcos 1:35; Lucas 6:12).

Su corazón de amor por la gente

Si piensas en ello, al leer los relatos del Evangelio de Jesús, no puedes encontrar nada que hiciera Jesús que no estuviera motivado por el amor a los demás y que de alguna manera no expresara ese amor. Jesús no sólo amó a su familia y amigos, sino que su amor y compasión se expresaron en todo lugar. Considera sus milagros: no eran sólo demostraciones de su poder, sino también expresiones de su amor. Sí, sorprendieron a los que los vieron, pero más, bendijeron a los que los recibieron. Aunque tenía un profundo amor y amistad con su discípulo Juan, no limitó su amor por la gente solo a esta profunda amistad. Él dio la bienvenida a *todos* a la cálida órbita de su amor y comunión:

> Vengan a Mí, todos los que están cansados y cargados, y Yo los haré descansar. Tomen Mi yugo sobre ustedes y aprendan de Mí, que Yo soy manso y humilde de corazón, y hallaran descanso para sus almas (Mateo 11:28-29).

Nadie tiene un amor mayor que éste: que uno dé[a] su vida por sus amigos. Ustedes son Mis amigos si hacen lo que Yo les mando (Juan 15:13-14).

«¿Quiénes son Mi madre y Mis hermanos?», les dijo Jesús. Y mirando a los que estaban sentados en círculo alrededor de Él, dijo: «Aquí están Mi madre y Mis hermanos. Porque cualquiera que hace la voluntad de Dios, ése es Mi hermano, y hermana y madre» (Marcos 3:33-35).

Jesús nunca echó fuera a nadie. ¡Prometió a su Padre que no lo haría! «Todo lo que el Padre Me da, vendrá a Mí; y al que viene a Mí, de ningún modo lo echaré fuera» (Juan 6:37). Si alguien venía con una intención honesta, Jesús lo recibía. Él era duro con los orgullosos y con los que se consideraban justos, pero abrazaba de buena gana a los humildes y a los quebrantados. La única persona que está registrada que vino a Jesús y se fue triste fue el joven rico (Marcos 10) que no quería renunciar a su ídolo de la riqueza personal para ganar la Vida Verdadera. La Biblia tiene el cuidado de decirnos que Jesús lo amó. Incluso al amarlo, Jesús no iba a seguirlo para hacer un trato especial con él, y de alguna manera hacer posible que un hombre pudiera mantener sus ídolos y ganar la Vida Verdadera.

¡Y qué decir de la prueba de su amor como lo demuestra su mansedumbre! Cuando el desleal y traidor de Judas traicionó a Jesús y lo entregó a los soldados, las únicas palabras de Jesús a Judas fueron: «¿Me traicionas con un beso?». Además, ¿de qué otra forma podría haber demostrado su amor, *incluso por sus enemigos*, que entregando su vida en la cruz... de buena gana? Aún cuando sangraba, oraba por aquellos que le crucificaron, para que su Padre los perdonara. ¡Qué gran amor! ¡La misma sangre que hicieron derramar a Jesús fue la sangre que expió sus pecados!

La pureza de Jesús

La tercera característica clave de la Vida Verdadera es la pureza de corazón y de acciones. La pureza implica e involucra un verdadero deseo de decir «no» a los placeres perversos de este mundo caído, y una búsqueda de los placeres puros del mundo por venir. La pureza está dispuesta a sufrir aquí al hacer de la voluntad de Dios.

Jesús estaba muerto al pecado de buscar el placer como un fin en sí mismo. Nunca leemos que él buscara el placer por complacencia. Considere los placeres del matrimonio: Jesús se alegró de asistir a una boda, realzándola con su presencia y trayendo el regalo del mejor vino (Juan 2: 1-12). Sin embargo, él mismo nunca conoció los placeres del matrimonio o los placeres de la cama matrimonial. No se los prohibió a otros, pero se los negó a sí mismo. De la misma manera, él pudo suplir cubas del mejor vino para otros, pero no quiso convertir una piedra en pan para su propia satisfacción. Él estaba tan lleno de gracia que alegremente proveyó para otros no sólo para su mayor necesidad (salvación del pecado) sino también sus necesidades menores... incluso si se las negaba a sí mismo (es decir, pan en el desierto).

Si bien leemos acerca de los suspiros, las lágrimas y los gemidos de Jesús, no hay registro de su risa, aunque se "regocijó mucho en el Espíritu Santo" (Lucas 10:21). Lo que proféticamente se dijo de él en Isaías, que sería "varón de dolores y experimentado en aflicción", resultó ser verdad (Isaías 53:3).

Si lo hubiera querido, Jesús podría haber llevado la vida más fácil y cómoda imaginable. El que pudo alimentar a miles con unos cuantos peces, que pudo encontrar dinero para pagar los impuestos en la boca de un pez y que hizo que la red del pescador se llenara hasta el punto de romperse, podría fácilmente haber sido el hombre más rico de la tierra. Podría haber levantado un ejército y destruido Roma en un instante. Pero él, cuya vida entera era pura en todos los aspectos, no quiso hacer nada sólo para satisfacer su «ego». Aquí hay Alguien, el Creador de todas las cosas, el Dueño del universo, que tanto estimó las cosas que nosotros despreciamos, que tuvo que pedir prestado un vientre para su propio nacimiento, una moneda para una ilustración de un sermón, ¡y una tumba para su propia sepultura! Él le advirtió al seguidor potencial más apasionado que no tenía dónde recostar su cabeza.

Él no era una persona de la alta sociedad. Sus compañeros eran pescadores y obreros. No se mantenía en compañía de príncipes y de aquellos considerados poderosos e influyentes, sino de recaudadores de impuestos y prostitutas. Sus valores derechos dieron vuelta los valores del mundo al revés. Su círculo social era un escándalo para los arrogantes de este mundo.

> Jesús les respondió: «Vayan y cuenten a Juan lo que oyen y ven: los ciegos reciben la vista y los cojos andan, los leprosos quedan limpios, los sordos oyen, los muertos son resucitados y a los pobres se les anuncia el evangelio (las buenas nuevas). Y bienaventurado es el que no se escandaliza de Mí» (Mateo 11:4-6).

Siendo hijo de un carpintero, vivió de tal manera que se acomodó, no a los príncipes, sino a los simples de este mundo. Esto nos lleva a considerar la cuarta rama de la Vida Verdadera.

«Podemos deducir fácilmente que su placer [de Jesús] era pasar tiempo con su Padre».

«Sus milagros: No eran sólo demostraciones de su poder, sino también expresiones de su amor».

«[Jesús] era duro con los orgullosos y con los que se consideraban justos, pero abrazaba de buena gana a los humildes y a los quebrantados».

«[Jesús] pudo suplir cubas del mejor vino para otros, pero no quiso convertir una piedra en un pan para su propia satisfacción».

La humildad de Jesús

Jesús nos invita a aprender humildad de él. ¡Imagina! El Hijo de Dios puede describirse a sí mismo como «manso y humilde de corazón». El Rey de reyes es un humilde servidor. Podríamos considerar la infinita condescendencia de Jesús: desde las maravillas del cielo hasta las ruinas de la tierra (c.f. Filipenses 2:5-11). Pero por ahora, consideremos el modo en que el Señor Jesús vivió mientras estaba entre nosotros.

Muy a menudo, es el pecado y la imperfección lo que nos humilla... incluso al mejor de nosotros. Pero Jesús, aunque fue tentado en todos los aspectos como nosotros, nunca pecó. No fue el pecado lo que humilló a Jesús. Lo que humilló a Jesús —el Jesús hombre— fue una profunda y permanente percepción de la grandeza y la perfección infinita de Dios. En el misterio de Jesús, plenamente Dios y plenamente hombre, el Jesús hombre estaba apropiadamente y siempre consciente de su pequeñez ante la grandeza de Dios. Sin duda, las cosas buenas que encontraba en sí mismo como hombre, él sabía que eran los dones de la gracia de Dios.

¿De qué otra manera podrías explicar la respuesta —por lo demás desconcertante— que Jesús le dio al joven en el Evangelio de Marcos? ¿Recuerdas cuando el hombre se refirió a Jesús como «Maestro bueno?». Claramente este joven, inconsciente del hecho de que Jesús era tanto Dios como Hombre, se dirigió a Jesús en cuanto a su naturaleza humana. Jesús respondió en términos de su humanidad: «¿Por qué Me llamas bueno?... Nadie es bueno, sino sólo uno, Dios» (Marcos 10:18). Era como si Jesús le estuviera diciendo al joven: «Ya que te has dirigido a mí como un hombre, yo te responderé como un hombre. Comparado con Dios, un hombre no es digno de notoriedad, y no tiene bondad en sí mismo. Solo Dios es eterna y esencialmente bueno».

Jesús nunca, jamás abusó de su poder divino para mostrarse o para promocionarse a sí mismo. No quiso satisfacer la curiosidad de los demás con señales del cielo. No quiso saltar del Templo para sorprender a la gente y llevarlos a la fe. Cuando sus hermanos le aconsejaron que fuera a Jerusalén para mostrarse en público y aumentar su fama, no siguió su consejo mundano. Él podría haber aumentado su fama —de una manera mundana— pero fue su humildad que lo llevó a ocultar sus milagros. Cuando hacía público un milagro, su motivo era que Dios fuera glorificado, y estaba feliz de atribuir toda la fama y todo el crédito a su Padre.

> Por eso Jesús les decía: «En verdad les digo que el Hijo no puede hacer nada por su cuenta, sino lo que ve hacer al Padre; porque todo lo que hace el Padre, eso también hace el Hijo de igual manera» (Juan 5:19).

Yo no puedo hacer nada por iniciativa Mía; como oigo, juzgo, y Mi juicio es justo porque no busco Mi voluntad, sino la voluntad del que Me envió. (Juan 5:30)

Por eso Jesús les dijo: «Cuando ustedes levanten al Hijo del Hombre, entonces sabrán que Yo soy y que no hago nada por Mi cuenta, sino que hablo estas cosas como el Padre Me enseñó» (Juan 8:28).

Jesús respondió: «Si Yo mismo Me glorifico, Mi gloria no es nada; es Mi Padre el que Me glorifica, de quien ustedes dicen: "El es nuestro Dios"» (Juan 8:54).

La mejor manera de tener una clara comprensión de la verdadera humildad es estudiar la vida de Jesús. No podemos abarcar aquí los infinitos ejemplos, pero te pido que sólo consideres lo siguiente: Vinieron a hacerlo rey, y él se negó (Juan 6:15). ¡Piensa en esto realmente! ¿Cuántos de *nosotros* nos resistiríamos a tal deseo si nos presionaran miles de personas ansiosas? En su juventud, se sometió voluntariamente a sus padres terrenales (Lucas 2:51). Ellos son pecadores; él es sin pecado; pero en obediente humildad se somete a ellos. Toda su vida es un gran registro de humildad. Jesús, *el Hijo eterno de Dios* es humilde ante las meras criaturas de polvo.

Necesitamos orar antes de continuar

Estamos descubriendo la Vida Verdadera. Oremos en nuestros corazones y espíritus antes de seguir adelante.

«¡Señor Dios! ¡Infinito, eterno, majestuoso! ¡Eterna fuente de toda vida y felicidad! Nosotros, diminutas y pecaminosas criaturas de polvo sabemos tan poco de ti y de la Vida Verdadera que ofreces. Hablamos fácilmente sobre Jesús y su Evangelio, pero cuán pocos de nosotros realmente poseemos la Vida Verdadera y comprendemos las maravillas de tus caminos. Confundimos tan fácilmente nuestros sentimientos naturales y el simple amor propio por la evidencia de la gracia sobrenatural... y sólo tu gracia —no nuestra naturaleza— puede hacernos aceptables ante ti.

«Nuestros corazones se quebrantan cuando consideremos cuánto tiempo hemos caminado en la ignorancia de ti y tus caminos; tan lejos de la Vida Verdadera. Durante años nos hemos conformado con las sombras, perdiendo la sustancia por completo. Y sin embargo, ahora estamos tan agradecidos y tenemos tanto gozo en el corazón de que tú, en tu misericordia, nos hayas abierto los ojos para comenzar a ver el camino de la Vida en Cristo. ¡Tú puedes y nos estás cambiando! En efecto, estás impartiendo la Vida Verdadera en nosotros, tu mismísima naturaleza, ¡la Vida de Dios dentro de nosotros, simples seres humanos!

«¡Señor Dios! ¡Cuánto te bendecimos por tu infinita misericordia! Que Jesús mismo haya caminado con nosotros... ¡Tu Hijo entre nosotros! Aquel que moriría por nuestros pecados, primero nos mostró mediante su perfecta vida lo que es la Vida Verdadera: amor a ti, amor a los demás, pureza de corazón, y humildad de carácter. Ahora Señor, forma en nosotros —en nosotros mismos— la misma naturaleza de Aquel que llevó nuestros pecados. Concédenos toda gracia para que nunca dejemos de acercarnos a ti hasta que Cristo mismo sea formado dentro de nuestros pequeños seres.

«Por tu gloria y por nuestro bien. ¡Amén!».

«Lo que humilló a Jesús –el Jesús hombre– fue una profunda y permanente percepción de la grandeza y la perfección infinita de Dios».

«[Jesús] podría haber aumentado su fama –de una manera mundana– pero fue su humildad que lo llevó a ocultar sus milagros».

Parte Dos:
Las maravillas y las bendiciones de la Vida Verdadera

~

El entendimiento motivará tu búsqueda

Sé que quieres avanzar de prisa, y quieres que te diga cómo entender esta Vida. Mi buena noticia para ti es que el hecho de que estés ansioso es una evidencia segura de que Dios ha dado a luz esta Vida dentro de ti. Ten paciencia, mi querido amigo. Hemos echado un vistazo a la naturaleza de la Vida Verdadera. Antes de seguir adelante, será útil considerar —deleitarse en— las maravillas y las bendiciones de la Vida Verdadera. Habiendo hecho esto, estaremos aún más motivados a buscar esa Vida y disciplinarnos en maneras que sean necesarias para alcanzar todas las bendiciones que el Señor ha destinado para nosotros.

Pero tengo que confesar desde el comienzo mismo que las palabras realmente no pueden expresar el gozo y la plenitud que trae la Vida Verdadera. En un sentido estricto, sólo aquellos que la experimentan pueden entenderla, así como sólo una novia y un novio pueden entender realmente la naturaleza de su amor del uno por el otro y el gozo particular que esto trae.

Necesitamos aclarar que la Vida Verdadera —y aquí podemos usar la palabra *santidad*, estar apartado para conocer y disfrutar de Dios— es aquello para lo que hemos sido creados. El pecado trae enfermedad al alma y al ser entero. El alma santa es un alma sana. Un alma dominada por el pecado está enferma y, por lo tanto, es incapaz de alcanzar la plenitud para lo cual ha sido creada. Un alma pecadora se siente pesada, revuelta y atormentada. Cuando Jesucristo trae la Vida a través de su Evangelio, la enfermedad es quitada y la salud es restaurada a la persona entera. El intelecto puede ver y entender lo que es bueno, y la voluntad puede elegir y abrazarlo. El corazón, que ya no está encadenado a la sensualidad y esclavizado a lo que puede se puede ver y sentir, ahora es libre para ser influenciado por Dios y las cosas de valor eterno. Hay una transformación *total*.

El valor del amor de Dios

Es hora de reducir nuestro enfoque. Hemos echado un vistazo a las ramas principales de la Vida Verdadera (el amor a Dios, el amor a los demás, la pureza y la humildad). Llevemos ahora nuestra atención a un entendimiento más profundo de la rama más vital de todas: el amor a Dios. La Vida Verdadera es la unión del alma de la criatura con la Vida del Creador. Es una unión de amor que tiene su origen en Dios y fluye hacia nosotros (del Creador a lo creado), pero luego retorna a Dios, su fuente (de lo creado al Creador).

> En esto consiste el amor: no en que nosotros hayamos amado a Dios, sino en que Él nos amó a nosotros y envió a Su Hijo como propiciación por nuestros pecados (1 Juan 4:10).

> Nosotros amamos porque Él nos amó primero (1 Juan 4:19).

No hay fuerza más poderosa en el alma que el amor. Nuestras afecciones del corazón determinan el rumbo y la dirección de nuestras vidas. Nuestra felicidad (o miseria) depende directamente de la naturaleza y del objeto de nuestro amor. Todo el mundo, sin excepción, se vuelve como aquello que ama. Por lo tanto: *la salud y el bienestar de tu alma está determinado y medido por el valor de aquello que más amas*. Si amas cosas que son sucias e impuras, tú mismo te volverás sucio e impuro. Pero si, con una intención deliberada, pones tu afecto en lo que es noble y bueno (¿y qué puede ser más noble y bueno que Jesucristo?) entonces tu alma —la profundidad misma de tu ser— crecerá en salud, y se volverá como el objeto de ese amor.

No es sorprendente encontrar que nos volvemos como aquello que más amamos. Sucede en el mundo natural todo el tiempo. Los amigos se vuelven cada vez más parecidos cuando pasan tiempo juntos. Maridos y esposas se vuelven notablemente similares cuando pasan los años y su afecto mutuo aumenta. Incluso parecen imitarse el uno al otro, anticipándose mutuamente a sus acciones, palabras e incluso pensamientos. Los gestos, el tono de voz y las opiniones toman la misma forma. Pero dado que ninguna persona —ni siquiera el mejor de nosotros— es buena de corazón, y cada uno de nosotros es una mezcla de bien y mal, entonces no sólo tomamos lo bueno de aquellos que amamos, sino también lo malo. Cuando amamos a otro, frecuentemente nos cegamos a sus faltas, de modo que aprobamos los rasgos que normalmente evitaríamos y pronto nos vemos imitándolos.

Aquí podemos ver que la forma más segura de traer salud y vida a nuestras almas es aprendiendo a fijar nuestro afecto en lo que es más noble. Puesto que no hay nada más noble y maravilloso que Dios mismo, entonces naturalmente en la medida que lo amemos sobre todas las cosas, nuestro ser entero será transformado para mejor.

> Pero todos nosotros, con el rostro descubierto, contemplando como en un espejo la gloria del Señor, estamos siendo transformados en la misma imagen de gloria en gloria, como por el Señor, el Espíritu (2 Corintios 3:18).

> Si ustedes, pues, han resucitado con Cristo, busquen las cosas de arriba, donde está Cristo sentado a la diestra de Dios. Pongan la mira (la mente) en las cosas de arriba, no en las de la tierra. Porque ustedes han muerto, y su vida está escondida con Cristo en Dios. Cuando Cristo, nuestra vida, sea manifestado, entonces ustedes también serán manifestados con Él en gloria (Colosenses 3:1-4).

Cualquiera que con un deseo sincero y ferviente se aferre a todo aquello a lo que Cristo se ha aferrado, y que por lo tanto se disciplina para elevar sus pensamientos y afectos hacia el cielo, descubrirá una Vida creciendo en él que el mundo natural no puede conocer. A consecuencia de esto —sin falta— sus afectos cambiarán. Las cosas que solían cautivarlo ya no lo harán. Irá descubriendo que no quiere que sus viejos amores desplacen su nuevo amor maravilloso y celestial.

Recuerda, de todos nuestros afectos, sentimientos e impulsos, el amor es el más grande. Hay un sentido en el que podemos decir que somos los dueños de nuestro amor, porque somos nosotros los que determinamos su objeto. Por lo tanto, entregar nuestro amor —nuestro regalo más elevado— a un objeto indigno es necio y pecaminoso.

Debemos vernos a nosotros mismos como responsables de nuestros afectos. (Es muy tentador, pero erróneo, vernos a merced de nuestros afectos). En un sentido, nuestro amor es lo único que realmente poseemos, y eso no puede ser quitado de nosotros. Una vez que has dado tu amor, todos los demás dones siguen ese curso. No es posible que algún don menor sea negado una vez que hayamos dado el mayor don, nuestro amor.

Amar a Cristo por sobre todo es hacer posibles todos los aspectos menores del discipulado, incluso los que exigen sufrimiento y pérdida. El amor es el mayor

«La Vida Verdadera [es] estar apartado para conocer y disfrutar de Dios».

«La Vida Verdadera es la unión del alma de la criatura con la Vida del Creador».

«La Vida Verdadera es la unión del alma de la criatura con la Vida del Creador».

«La salud y el bienestar de tu alma está determinado y medido por el valor de aquello que más amas».

«Amar a Cristo por sobre todo hace posible cada aspecto menor de la vida cristiana. Amar todo lo demás en lugar de Cristo hace imposible toda la vida cristiana».

regalo que podemos ofrecer, y Dios es el más digno de recibir nuestro mayor presente. En consecuencia, entregar este amor en otro lugar —con eso quiero decir, amar cualquier otra cosa por sobre todo y no a Dios— es degradarnos a nosotros mismos, a nuestro amor, y a Dios. Amar a Cristo por sobre todo hace posible cada aspecto menor de la vida cristiana. Amar todo lo demás en lugar de Cristo hace imposible toda la vida cristiana.

Cuando Jesús nos advierte sobre el intento de servir a dos señores (Mateo 6:24), el espíritu de esa advertencia se aplica a tratar en vano de amar por sobre todo a Dios y cualquier otra cosa. Sólo hay espacio para *un* amor supremo en tu vida.

> "Maestro, ¿cuál es el gran mandamiento de la Ley?" Y Él le contestó: "Amarás al Señor tu Dios con todo tu corazón, y con toda tu alma, y con toda tu mente. Este es el grande y primer mandamiento." (Mateo 22:36-38).

> "Nadie puede servir a dos señores; porque o aborrecerá a uno y amará al otro, o apreciará a uno y despreciará al otro. Ustedes no pueden servir a Dios y a las riquezas." (Mateo 6:24).

Con frecuencia entregamos amor a cosas y personas que en realidad solo le pertenece a Dios. Con nuestras palabras demostramos que hemos puesto nuestras afecciones en un lugar equivocado. Si pensamos en ello, y tomamos las palabras en su verdadero valor, ¡nuestras propias palabras demuestran que somos idólatras y blasfemos! Hay un afecto apropiado para las personas, pero tenemos un afecto supremo por Dios y aplicamos continuamente figuras idiomáticas y expresiones de amor para las personas que deben pertenecer sólo a Dios. Amar algo en el lugar de Dios es hacer un gran daño a nuestras almas. Atribuir palabras de amor a algo (incluso a un cónyuge o a un hijo) que solo le corresponden a Dios es causar también un daño profundo. Piensa por un minuto en las palabras y expresiones en gran parte de nuestra música y medios de comunicación. El amor supremo absoluto es una y otra vez atribuido a la gente.

Sin embargo, cuando sólo Dios recibe el amor supremo de nuestros corazones, y nuestras palabras lo confirman, ¡qué saludable es para nuestras almas! Las cadenas de amor con las que nos atamos a Dios son de hecho liberadoras, y ser esclavo de Cristo es más noble que ser el gobernante de todo el mundo.

Las bendiciones de amar a Dios por sobre todo

Tal como el amor a Dios trae salud al alma, así también trae la alegría y el placer últimos para la persona entera. Ninguna otra cosa puede alcanzar las profundidades y las alturas de una persona tal como ocurre al responder al amor de Dios con amor a Dios. Fuimos creados para esto. Es bueno y correcto amar a los demás como una *expresión* de nuestro amor a Dios, pero es peligroso amarlos como un *sustituto* de nuestro amor a Dios. Cada amor menor, cada ídolo que adoramos es realmente un sustituto de el más alto de todos los amores. Las mayores alegrías, los deleites más reales, sólidos y sustanciales que podemos experimentar, son aquellos que brotan al colocar nuestros afectos donde pertenecen: en Jesucristo.

Lo que causa que el amor s e malogre es que lo pongamos en aquellos que no son dignos de nuestro amor último. Los mejores seres humanos no son dignos de tu más alto amor. Ellos te fallarán, de una forma u otra. Tal vez no puedan valorar verdaderamente el amor que les están dando. Puede que no correspondan tu amor, o podrían estar ausentes, o morir, y dejarte deshecho. Las criaturas no pueden ofrecer lo que sólo nuestro Creador puede ofrecer. Por lo tanto, los peligros y las trampas interminables que existen cuando idolatramos cualquier cosa —incluso un cónyuge o un hijo— no existen cuando colocamos nuestros afectos en el único que puede recibirlos adecuadamente sin dañarlos.

El valor del objeto de nuestro amor

Permíteme comenzar diciendo (una vez más) que el amor producirá miseria y tragedia cuando su objeto —debido a su indignidad y debilidad— sea incapaz de contenerlo. El amor es tan poderoso que cualquier criatura es incapaz de satisfacer absolutamente sus demandas. Es por eso que el mejor amor humano — cuyo objeto final sea otra persona, aunque sea la más maravillosa— será frustrado y conducirá al quebrantamiento. Nuestro amor no estaba destinado a ser plenamente satisfecho por otra persona, sino sólo por Dios. Nada por debajo del infinito valor de Dios puede permitirse dar al amor el espacio que necesita para crecer y prosperar y ejercer su increíble poder. Fuimos *hechos para Dios*. La profunda belleza de la piel y un poco de bondad humana no pueden compararse con la bondad infinita que sólo Dios posee. No es de extrañar que tantos amores humanos terminen en tragedia y quebranto. ¿Cómo podría ser de otro modo? El corazón humano es incapaz de contener, nutrir y proteger el corazón de otro. Los celos, la amargura, la rivalidad nunca están lejos de la idolatría del amor puesto en el lugar incorrecto. Verdaderamente, «fuerte es como la muerte el amor» que da a luz los celos, «duros como el Seol (tumba)» (cf. Cantares 8:6 RV60)

Pero el amor a Dios no sabe nada de esta amargura. Por lo tanto, libera a la persona para que amen verdaderamente y con seguridad a otras personas. Cada vez que alguien pone su amor donde corresponde —en el Dios totalmente suficiente y bueno— encuentra que no sólo su amor está satisfecho, sino subyugado y dominado por el Amor de Dios. Hay tanto «espacio» en Dios para contener nuestro amor, que la persona que ama no puede dejar de ver la pequeñez de su amor. Luego comienza una ardiente búsqueda por tener un corazón de amor cada vez más grande hacia Dios. Consciente de la frialdad de su corazón, la persona que ama a Dios anhela realmente el día en que su corazón se inflame con el amor que sólo Dios merece verdaderamente, y mientras tanto convoca a todas las personas, y a toda la creación e incluso a los ángeles a unirse a él para expresar a Dios el amor que siente por él.

> Bendigan al Señor, ustedes Sus ángeles,
> poderosos en fortaleza, que ejecutan Su mandato,
> Obedeciendo la voz de Su palabra.
> Bendigan al Señor, ustedes todos Sus ejércitos,
> que Le sirven haciendo Su voluntad.
> Bendigan al Señor, ustedes todas Sus obras,
> en todos los lugares de Su dominio.
> Bendice, alma mía, al Señor (Salmos 103:20-22).

Puedes estar seguro de que tu amor no será abusado

El amor humano es vulnerable. No hay garantía de que será correspondido. Recuerda: no tienes nada más valioso que dar que tu amor. Cuando damos nuestro amor, nos damos a nosotros mismos: es todo lo que tenemos. Por lo tanto, ¿qué mayor dolor y pena podemos experimentar que cuando nuestro amor no es valorado ni correspondido? Cuando un regalo es despreciado, es seguro que el resultado será el dolor ,y cuando el mayor regalo es despreciado, el dolor puede ser aplastante.

El amor es el abandono de uno mismo a otro. Si el amor es verdadero y genuino, es una muerte voluntaria y decidida a uno mismo. La persona que ama desprecia sus propios intereses y metas por el bien de la persona amada. Su corazón entero está atrapado en la aventura de satisfacer las necesidades y deseos de la persona que ama. ¡Pero! Si ese afecto no es recibido ni correspondido del mismo modo, la persona que ama será, en un sentido real, destruida por su propio amor. La persona se ha abandonado a otra a la que no le importa nada corresponderle. Pero, si el amor es correspondido, entonces su corazón verdaderamente cobra vida, y el «yo» que alguna vez se abandonó por el otro se vuelve valioso otra vez porque es valorado por la otra persona.

Toda esta empresa —en un nivel puramente humano— tiene un enorme riesgo.

«¡Nuestras propias palabras demuestran que somos idólatras y blasfemos!».

«Ser esclavo de Cristo es más noble que ser el gobernante de todo el mundo».

«Es bueno y correcto amar a los demás como una expresión de nuestro amor a Dios, pero es peligroso amarlos como un sustituto de nuestro amor a Dios».

«Cuando damos nuestro amor, nos damos a nosotros mismos: es todo lo que tenemos».

«La persona que ama desprecia sus propios intereses y metas por el bien de la persona amada».

La única manera de amar con seguridad a otra persona es poner tu mayor amor en un lugar verdaderamente seguro.

Pero estoy diciendo lo obvio. La literatura, la música, los medios de comunicación, todos estos construyen sus historias sobre la realidad del frágil amor humano. Nada es más claro para toda la familia humana que el hecho de que la felicidad humana depende de que el amor sea valorado y no abusado. Es justo aquí donde el amor a Dios muestra su maravilla y ventaja sobre todos los amores menores. Aquí estamos amando a alguien que nos ha amado primero, y que ha demostrado y manifestado ese amor, no porque seamos maravillosos y dignos, sino a pesar de que éramos indignos y malvados.

> Porque mientras aún éramos débiles, a su tiempo Cristo murió por los impíos. Porque difícilmente habrá alguien que muera por un justo, aunque tal vez alguno se atreva a morir por el bueno. Pero Dios demuestra su amor para con nosotros, en que siendo aún pecadores, Cristo murió por nosotros (Romanos 5:6-8).

No es posible que Dios retenga su amor por quien lo ama, porque *él* lo amó *primero*. Aquí hay un corazón que lleva su propia imagen, respondiendo a su amor con amor: ¿cómo podría Dios rechazar tal corazón? ¡No puede! Un corazón que no desea nada más que amar a Dios es un corazón del que él no puede abusar y no lo hará.

> Sácianos por la mañana con Tu misericordia,
> Y cantaremos con gozo y nos alegraremos todos nuestros días
> (Salmos 90:14).

> «Con amor eterno te he amado;
> por eso te sigo con fidelidad» (Jeremías 31:3).

Necesitas saber que Dios desea tu corazón. Él te hizo para sí Mismo y no rechazará ni negará tu acercamiento. Como Booz es a Rut, así es Jesús al pobre pecador. Y, como Booz no dejaría de redimir, restaurar y casarse con la pobre Rut, así Jesús no dejará de aceptarte en su pacto de amor. ¡Necesitas estar seguro de *su* corazón en este asunto!

> Entonces Noemí dijo: «Espera, hija mía, hasta que sepas cómo se resolverá el asunto; porque este hombre no descansará hasta que lo haya arreglado hoy mismo» (Rut 3:18).

Dios nunca es un amor ausente

El amor humano inevitablemente experimentará la separación. La separación trae dolor y angustia. Esto es inevitable, incluso en los mejores amores humanos. Los amigos deben separarse, aunque sea por un corto tiempo. Pero la muerte —la inevitable muerte— trae un dolor de separación que no se compara a ninguna otra pena. Así que la separación, ya sea breve o permanente, es el precio que pagamos por todo afecto humano. Considera la seguridad y el gozo que debe resultar del amor que descansa en Aquel que nunca nos dejará ni nos abandonará: Aquel que, por su misma naturaleza, nunca puede estar ausente. La oscuridad de una prisión o la soledad de un desierto no pueden suprimir el amor de Aquel que está siempre presente. Los ojos de la fe ven a su Amado en todo lugar y pueden percibir su gloria en cualquier situación. En realidad es posible vivir en un goce ininterrumpido del amor de Dios.

Responder al amor de Dios amando a Dios nos lleva a una felicidad infinita

En el amor humano, si el amado es desdichado, el que ama es igualmente desdichado. Cuando intercambiamos nuestros corazones con otros, sus alegrías o sus miserias se convierten en las nuestras. Cuando el amor es terrenal en lugar de celestial, inevitablemente se vuelve problemático y cansado. Piense en esto: el más bendecido de nosotros todavía tiene bastantes problemas y dolor que hacen de esta vida una prueba. Y es imposible que nuestro dolor no afecte a aquellos que nos aman. Cuando uno está bajo ataque, los que lo aman también sienten el impacto. Pero, cuando Dios es la fuente y el objeto de nuestro amor, allí podemos encontrar un puerto seguro para nuestros corazones, y allí podemos encontrar la verdadera e inexpugnable felicidad.

> Dios es nuestro refugio y fortaleza,
> Nuestro pronto auxilio en las tribulaciones.
> Por tanto, no temeremos aunque la tierra sufra cambios,
> Y aunque los montes se deslicen al fondo de los mares;
> Aunque bramen y se agiten sus aguas,
> Aunque tiemblen los montes con creciente enojo. (Selah)
> Hay un río cuyas corrientes alegran la ciudad de Dios,
> Las moradas santas del Altísimo.

> Dios está en medio de ella, no será sacudida;
> Dios la ayudará al romper el alba (Salmos 46:1-5).

El amor de Dios y su felicidad nunca —de ninguna manera— disminuirán. Solamente en él podemos invertir con seguridad nuestro amor y recibir todo el gozo y la fuerza por lo cual los mismos ángeles del cielo lo alaban. ¡Qué gran fuente de gozo es considerar el hecho de que Aquel que amamos es infinitamente feliz en sí mismo y que todas las fuerzas del infierno no pueden sacudir su gozo ni por un momento!

¡Qué firme fundamento tenemos cuando edificamos sobre el Señor! Aquél cuyo amor está puesto sobre el Dios de la felicidad, cuya voluntad está siendo conformada a la voluntad del Dios de la felicidad, y cuyo mayor deseo es agradar al Dios de la felicidad, no cabe duda de que está en el camino del verdadero gozo. ¡Qué paz, descanso y satisfacción abrazan el corazón y la mente de quien pone su amor en el Dios de la felicidad!

> El Señor se deleita en los que le temen,
> en los que ponen su esperanza en su amor inagotable
> (Salmos 147:11 NTV).

Aquellos que aman a Dios por sobre todo encuentran dulzura en cada situación

Creo que lo he dicho antes, pero vale la pena repetirlo: no podemos dejar de experimentar un infinito placer y gozo cuando nos vemos atrapados en la donación de nosotros mismos en amor santo a nuestro buen Dios. Cuando un verdadero sentido de la bondad de Dios comienza a captar nuestra mente y corazón y ese sentido se combina con una libre ofrenda de nosotros mismos en un cálido afecto a Dios, el resultado debe ser una verdadera y sólida felicidad irrumpiendo en nuestras almas. Qué bendición es estar cansados de nosotros mismos y dejar a un lado la tibia religiosidad, ofrecernos sin reservas al Dios que nos hizo, nos dio la vida y ahora nos da la Vida Verdadera. Esta ofrenda, hecha a través de la sangre expiatoria de Cristo, es una ofrenda santa y aceptable, totalmente agradable a Dios (cf. Romanos 12:1-2). El que ama puede decir sin vacilación: «Yo soy de mi amado, y para mí es todo su deseo» (Cantares 7:10). En tal ofrenda hay una preciosa libertad del ego —un olvido de uno mismo— que inaugura una nueva forma de vida radical. El objetivo es ahora servir a los buenos propósitos del buen Dios de la persona que ama.

«Estamos amando a alguien que nos ha amado primero, y que ha demostrado y manifestado ese amor, no porque seamos maravillosos y dignos, sino a pesar de que éramos indignos y malvados».

«La separación, ya sea breve o permanente, es el precio que pagamos por todo afecto humano».

«Cuando Dios es la fuente y el objeto de nuestro amor, allí podemos encontrar un puerto seguro para nuestros corazones, y allí podemos encontrar la verdadera e inexpugnable felicidad».

> Me darás a conocer la senda de la vida; en Tu presencia hay plenitud de gozo; en Tu diestra hay deleites para siempre (Salmos 16:11).
>
> Por tanto, hermanos, les ruego por las misericordias de Dios que presenten sus cuerpos como sacrificio vivo y santo, aceptable (agradable) a Dios, que es el culto racional de ustedes (Romanos 12:1).

Toda la vida es endulzada por el amor de Dios hacia nosotros y nuestro amor hacia él. Cada situación viene bajo el cuidado providencial de Dios, incluyendo los sucesos simples de la vida diaria. Estas situaciones pierden su importancia (dejan de ser ídolos) y adoptan una dulzura profunda (porque tienen el sabor de la bondad de Dios en ellos). Son mensajes de amor enviados a nosotros por nuestro maravilloso y buen Padre celestial. Esta dulzura aun incluye la disciplina de Dios, aunque en el momento esta no sea agradable. La vara y el cayado de nuestro Dios, el Buen Pastor, pueden venir con un aguijón, pero en realidad están cumpliendo en nosotros los santos y sabios propósitos de Dios. Podemos regocijarnos cuando Dios no está de acuerdo con la voluntad y los propósitos de sus criaturas necias sino que más bien obra su propia voluntad.

> Por tanto no desfallecemos, antes bien, aunque nuestro hombre exterior va decayendo, sin embargo nuestro hombre interior se renueva de día en día. Pues esta aflicción leve y pasajera nos produce un eterno peso de gloria que sobrepasa toda comparación, al no poner nuestra vista en las cosas que se ven, sino en las que no se ven. Porque las cosas que se ven son temporales, pero las que no se ven son eternas (2 Corintios 4:16-18).

Los «deberes» de la vida cristiana también son agradables

Algunos pueden considerar que las disciplinas de la vida cristiana son fastidiosas y desatinadas, pero cuando uno está respondiendo al Dios de Amor con amor, estas disciplinas traen verdadero gozo y satisfacción al creyente. Reunirse con otros creyentes para adorar no es un deber frío sino un gozo expectante y anticipado (Salmo 63:2). Alejarse del frenesí de la vida para estar quieto; para abrir la Biblia y escuchar al Señor; para silenciar el corazón ruidoso e inquieto y abrirlo en oración al Dios que lo ama con cariño; estos son «deberes» agradables para el poseedor de la Vida Verdadera. Hay alegría al pensar en Dios, al considerar sus caminos y su carácter, al recordar toda su bondad. ¡Es una alegría, una consumación, una realización, proclamar nuestro amor a Dios, incluso decirle mil veces que él es amado! Se convierte en un feliz alivio para el creyente desahogar su alma atribulada ante Aquel que lo ama, y entregar su corazón cargado al corazón de Dios que lo invita a venir a él.

> Echando toda su ansiedad sobre Él, porque Él
> tiene cuidado de ustedes (1 Pedro 5:7).

> Vengan a Mí, todos los que están cansados y cargados, y Yo los haré descansar. Tomen Mi yugo sobre ustedes y aprendan de Mí, que Yo soy manso y humilde de corazón, y hallaran descanso para sus almas. Porque Mi yugo es fácil y Mi carga ligera (Mateo 11:28-30).

> Sino que he calmado y acallado mi alma;
> como un niño destetado en el regazo de su madre,
> como un niño destetado está mi alma dentro de mí
> (Salmos 131:2).

Aun el arrepentimiento es vivificante cuando uno se arrepiente ante el Autor de la Vida y el que ama nuestra alma. Hay una delicia que solo conocen el que se arrepiente y el Dios de misericordia y que las lágrimas no pueden amargar. Cuando un alma arrepentida se deshace en humilde contrición delante de un Dios acogedor, se encuentra vida y paz.

> La tristeza que proviene de Dios produce el arrepentimiento que lleva a la salvación, de la cual no hay que arrepentirse, mientras que la tristeza del mundo produce la muerte (2 Corintios 7:10).

Hay muchos desafíos en vivir una vida santa y piadosa. La Vida Verdadera implica vigilar constantemente el corazón. Cuando una persona está motivada nada más que por la presión externa de una lista de reglas, tales disciplinas y desafíos son tareas tediosas. Él puede realizar externamente los deberes de una vida santa, pero si no se mueve por el amor interior, estas actuaciones son un lastre. ¡Pero!... cuando el *amor* motiva una vida de disciplina, todo cambia. Ese amor vigila el corazón y las acciones de uno, manteniendo fuera todo lo que podría ofender y estropear la preciosa unión entre el que ama y el Amado. El amor desprecia y odia todo lo que ataca su objeto. Pero se regocija con todo lo que bendice su objeto, incluyendo aquellas cosas que pueden ser difíciles y desafiantes. Cuando el amor es el motor, no sólo las órdenes obvias son obedecidas con alegría, sino que el que ama en realidad se deleita en encontrar las cosas secretas, los matices ocultos que traerán deleite al

Amado. El amor es realmente ingenioso en descubrir los deseos y los deleites de su objeto. El amor convierte incluso los deberes más duros en ofrendas deleitosas. El verdadero amor no sólo hace lo mínimo, sino que va más allá del máximo. No sólo quiere «asegurarse de escapar del infierno», sino que quiere buscar el cielo y el corazón de Dios con gran ahínco.

> Examinen qué es lo que agrada al Señor, y no participen en las obras estériles de las tinieblas, sino más bien, desenmascárenlas (repróchenlas) (Efesios 5:10-11).

Piensa en los deportistas campeones o en los músicos consumados. Ellos hacen sacrificios hoy para la alegría de mañana. No sólo hacen lo que se requiere, sino que van mucho más allá. Renuncian no sólo a placeres perjudiciales, sino a muchos buenos placeres que otros parecen disfrutar a voluntad. ¿Por qué? ¿Por qué toda esta disciplina? La respuesta es que están cautivados. Algo más grande que ellos los tiene asidos. Son los siervos dispuestos de un tesoro deseado. ¡Y, hacen todo esto por una recompensa *terrenal*!

> Y todo lo hago por amor del evangelio, para ser partícipe de él. ¿No saben que los que corren en el estadio, todos en verdad corren, pero sólo uno obtiene el premio? Corran de tal modo que ganen. Y todo el que compite en los juegos se abstiene de todo. Ellos lo hacen para recibir una corona corruptible, pero nosotros, una incorruptible (1 Corintios 9:23-25).

El amor a Dios simplifica la vida

Una cosa más: amar a Dios por encima de todo, atesorar a Cristo por sobre todas las cosas, simplifica la vida. No dije que la hiciera *fácil*, sino *simple*. Las decisiones pierden su complejidad cuando la máxima motivación de tu corazón es el amor a Dios. ¿Recuerdas a Sadrac y a sus amigos (Daniel 3)? Cuando se enfrentaron con el ídolo del rey y la orden de inclinarse ante él, no tuvieron ningún dilema. ¡No tuvieron que orar al respecto! «¡No! ¡No nos inclinaremos!». Simple. Lo mismo ocurrió con José, cuando se enfrentó con la esposa de Potifar y su ofrecimiento ilícito (Génesis 39). ¡No había nada que el joven tuviera que deliberar u orar al respecto! «¡No! ¡No pecaré contra Dios [mi tesoro]!». Simple. Cuando Jesús es el tesoro de tu vida, ciertas cosas se vuelven fijas y no se transigen. La vida se simplifica, incluso si la elección te lleva a una situación difícil.

El amor a los demás

Hemos visto que la Vida Verdadera está definida en primer lugar por nuestro amor a Dios (que es solo una respuesta a su amor por nosotros). ¡Pero la Vida Verdadera no se detiene ahí! Después de amar a Dios nos volvemos hacia nuestro prójimo. El amor a Dios y luego a nuestro prójimo resume toda la ley de Dios.

> Los Fariseos se agruparon al oír que Jesús había dejado callados a los Saduceos. Uno de ellos, intérprete de la Ley (experto en la Ley de Moisés), para poner a prueba a Jesús, Le preguntó: «Maestro, ¿cuál es el gran mandamiento de la Ley?». Y Él le contestó: «Amarás al Señor tu Dios con todo tu corazón, y con toda tu alma, y con toda tu mente. Este es el grande y primer mandamiento. Y el segundo es semejante a éste: Amarás a tu prójimo como a ti mismo. De estos dos mandamientos dependen toda la Ley y los Profetas» (Mateo 22:34-40).

El progreso sobrenatural del amor en el alma

Dios hace cambios milagrosos en la vida de cada hijo de la gracia. En ninguna parte esto es más evidente que en el crecimiento del amor en el corazón. Este crecimiento puede ser realmente observado y medido.

Primero, el cristiano es llevado a un lugar donde se ama a sí mismo correctamente. Donde ya no es esclavo de la culpa y la vergüenza, ahora tiene un amor sobrio y equilibrado para sí mismo como alguien amado y redimido por Dios.

Entonces descubre que en su interior está creciendo el milagro del amor hacia su prójimo: «Amarás a tu prójimo como a ti mismo» (Mateo 22:39). ¡Esto es verdaderamente la obra de Dios! ¡Que el amor esté creciendo allí donde en otro tiempo sólo había odio es prueba segura de la Vida Verdadera!

Luego, el amor va más allá de amar a los demás como nos amamos a nosotros mismos, es *preferir* a los demás antes que a nosotros mismos: «Sean afectuosos unos con otros con amor fraternal; con honra, dándose preferencia unos a otros» (Romanos 12:10). Honrar y preferir a otro sobre sí mismo es muy contrario a la naturaleza, ¡pero Dios *en nosotros* lo hace posible!

Finalmente, el amor crece hasta un punto en el que realmente amamos a los demás con el mismo amor de Jesús: «Este es Mi mandamiento: que se amen los unos a los otros, así como Yo los he amado» (Juan 15:12). ¡Maravilla de maravillas! ¡Amar a los demás como *hemos sido amados* por Jesús!

¡Es Dios quien obrará este milagro de amor dentro de ti! Confía en Él para que lo haga y no esperes nada menos que el amor divino creciendo dentro de ti.

Las maravillas del amor a los demás

No necesitamos tratar de probar la bondad de esta gracia, porque es maravillosamente obvia. ¿Qué puede ser más maravilloso o más justo que un corazón que anhela abrazar a toda la humanidad, incluso al mundo mismo, con un amor que proviene de Dios y fluye hacia los demás? Cuando uno está lleno del amor de Dios y derrama ese amor sobre los demás, no puede dejar de preferir los intereses de los demás por encima de los propios. Esto es sobrenatural y contrario a nuestra naturaleza caída y egoísta. Cuando amas a tu prójimo como a ti mismo, no puedes pensar mal de él o actuar perversamente contra él. Prefieres soportar mil males contra ti mismo antes que perpetrar un mal contra él. Una persona que ama a los demás nunca es más feliz que cuando es un medio de bendición y beneficio para alguien más. El amor que tenemos hacia los demás es más fuerte que cualquier malicia que puedan tener hacia nosotros. El odio no puede resistir al amor por siempre. Cuando constantemente pasamos por alto los males que otros nos causan y nos compadecemos de su necesidad, hemos vencido su mal con el bien (Romanos 12:21). El amor rechaza la venganza sobre nuestros enemigos y en su lugar dirige todo el amor posible hacia ellos (Romanos 12:19). Invariablemente, aunque tal vez después de mucho tiempo, el que ama a los demás como a sí mismo se gana la admiración de los demás. Un espíritu benigno (un corazón lleno de amor) incluso llega a producir una dulzura en el rostro, de manera que el que ama es bello para todos. También produce fuerza de carácter en lo profundo de aquel que ama, inspirando creatividad y nobleza que afectarán cada parte de su vida.

Cuando uno está seguro en el perfecto amor de Dios, entonces es libre para amar a personas imperfectas que pueden no estar dispuestas a corresponder nuestro amor, o de hecho pueden maltratarnos. Uno puede incluso bendecir a quienes abusan de uno porque el corazón está seguro en un amor más grande.

Piensa en los grandes héroes de la historia. Invariablemente sus vidas han estado motivadas por un amor por su país o por sus compañeros, familiares o amigos. Admiramos sus acciones, pero debemos darnos cuenta del corazón que hay detrás de esas acciones. ¡Imagina el efecto para bien si tú —y otros— fueran movidos por un amor mayor por toda la humanidad! Sólo la presencia sobrenatural de Dios en el corazón de un cristiano puede manifestar semejante amor.

La alegría de amar a tu prójimo

¡Qué bendición es liberarse de los venenos de la malicia, el odio y la envidia! Tener el corazón hinchado de amor hacia los demás es dulzura para el alma. Es un deleite para la totalidad de la persona el estar llena de amor por los demás. Cambiar los

«Cada situación viene bajo el cuidado providencial de Dios, incluyendo los sucesos simples de la vida diaria».

«Cuando una persona está motivada nada más que por la presión externa de una lista de reglas, tales disciplinas y desafíos son tareas tediosas».

«Cuando el amor motiva una vida de disciplina, todo cambia».

«Las decisiones pierden su complejidad cuando la máxima motivación de tu corazón es el amor a Dios».

«Cuando uno está lleno del amor de Dios y derrama ese amor sobre los demás, no puede dejar de preferir los intereses de los demás por encima de los propios».

venenos del alma por el amor, la amargura por la dulzura, es promover no sólo la bendición para otros, sino tu propia felicidad. Si pudiera escoger una cosa que me hiciera feliz, sería esto: que mi corazón estuviera dominado por el amor a Dios, y luego a cada persona en el mundo entero. En vez de envidiar sus bendiciones, en realidad me alegraría por ellas. *Su* felicidad se convertiría en *mi* felicidad. *Su* consuelo sería *mi* consuelo. ¿Cómo podría *no* querer esto? Si mi hermano o mi hermana están pasando por una prueba, y porque los amo, siento su dolor y su pena, el compadecerme por ellos es en realidad mucho más dulce para mi alma que ser indiferente e insensible a su situación. Incluso en sus pruebas, si yo, con amor, puedo guiarlos a la profunda bondad de Dios y recordarles el triunfo final de sus buenos propósitos y la certeza de la felicidad eterna, entonces podría ser una fuente de consuelo en medio de sus penas.

Sin duda, junto con amar a Dios, amar al prójimo es la mayor fuente de felicidad. Es verdaderamente una alegría celestial experimentada aquí y ahora, y cuando esto gobierna en nuestros corazones y relaciones aquí, realmente trae el gozo futuro del cielo a la tierra.

La excelencia de la pureza

Recuerda que nombré a la pureza como la tercera rama principal de la Vida Verdadera, describiéndola como un verdadero deseo de decir «no» a los placeres perversos de este mundo caído y «sí» a las cosas que traen placer a nuestro Dios maravilloso. Esto abarca una decidida disposición a sufrir cualquier dolor que pueda venir a medida que cumplimos la voluntad de Dios en nosotros. La pureza es un atributo maravilloso del corazón y trae gozo y libertad.

Tal vez no haya esclavitud tan horrible como la esclavitud de las propias lujurias, y ninguna victoria tan maravillosa como la victoria sobre esos mismos apetitos. Nunca las personas son más miserables y abyectas que cuando se hunden en el pantano de su propia inmundicia. Entonces son incapaces de vivir la vida noble para la que han sido creadas y para la que han sido redimidas. Encantadas por los placeres sensuales, no son libres —aunque crean que lo son. ¡Pero las almas poseídas por la Vida Verdadera *saben* que fueron hechas para algo más! Por lo tanto, rechazan la tentación de desviarse (del camino de la santidad) por el placer momentáneo.

El gozo de la pureza

La pureza trae gozo y placer. La gente piensa que el pecado trae placer, y lo hace —por un momento (Hebreos 11:25). Pero el placer pecaminoso siempre tiene un aguijón. El placer pecaminoso esparce problemas a su paso. El exceso de necedad y la vida lujuriosa son enemigos del bienestar de la persona entera, afectando tanto esta vida como la venidera. Sólo si consideramos el efecto de la vida descontrolada en esta vida, una persona sabia —podríamos pensar— refrenará el exceso y la necedad. Añadamos a eso la idea de que lo que hacemos en esta vida no sólo afecta el tiempo, sino la eternidad, y tendremos aún más motivos para aborrecer los placeres venenosos del pecado.

Incluso los placeres «inocentes», si son satisfechos en exceso, pueden dañar la salud del cuerpo y del alma. Por lo tanto, la persona sabia busca el gozo en Jesús no porque esté bajo alguna ley o bajo alguna coacción externa, sino porque es motivada por un placer superior. Sus intereses han sido elevados, refinados y redefinidos para que ya no se preocupe por las cosas que solían cautivarle. Piensa en esto: incluso en el mundo natural, cualquier persona que está bajo el control de alguna afección olvidará otras cosas que normalmente lo cautivarían. Podría olvidar su comida o el cuidado normal de su cuerpo. Considera de nuevo a un atleta o un músico... cómo su compromiso con su pasión relega todos los demás placeres. ¿Es de extrañar que una persona cautivada por la Vida Verdadera, siendo movida por el amor, deba despreciar los placeres que solía adorar, ahora que ve todo de manera diferente? Esta persona verá todos los placeres menores en su debida perspectiva y no les permitirá interferir en su búsqueda de la felicidad en Jesús.

Si te dispones a negarte a ti mismo en la búsqueda de la pureza de corazón y de vida, vas a enfrentar desafíos. ¡No siempre será fácil! Con todo, aquellos que poseen la Vida Verdadera encuentran que incluso las dificultades les dan la oportunidad de contar de su amor superior con gozo. Sabiendo que son débiles y capaces de ofrecer tan pequeñas ofrendas en el servicio a Dios, ven el sufrimiento como una oportunidad inesperada para honrarlo, dando testimonio de su bondad en medio de las pruebas de esta vida.

La excelencia de la humildad

La última rama de la Vida Verdadera es la humildad. El ojo no entrenado ve la humildad como una cualidad débil y despreciable. El mundo se ríe de ella. La verdad es que es la corona de un alma noble. La trivialidad y la ignorancia son las que dan origen al orgullo. La humildad nace de un conocimiento superior de cosas más valiosas. La humildad evita que los sabios amen cosas vanas y se sientan demasiado orgullosos de las ganancias terrenales.

La humildad de hecho atrae la gracia: «Dios resiste a los soberbios, y da gracia a los humildes» (Santiago 4:6). El alma noble, que ha llegado a valorar la Verdad, y que tiene conocimiento de lo verdaderamente valioso, ya no juzga la vida por el dinero, la belleza, la fuerza física, etc. No se impresiona con aquellos que se juzgan a sí mismos como superiores a otros porque poseen algunas ventajas externas. No mira con desdén a los que carecen de estas cosas triviales. Puesto que ahora entiende el verdadero valor y la belleza, y ha visto parte de la maravilla del carácter y la naturaleza de Dios, no se impresiona con sus antiguos logros superficiales. Ahora admira un mundo completamente nuevo. Son las maravillas y los valores de ese mundo a lo que ahora aspira.

Es extraño, pero el valor de la humildad puede verse en el hecho de que prácticamente todos fingen ser humildes. Muy pocos quieren ser vistos como arrogantes y llenos de orgullo. La gente orgullosa, desesperada por la alabanza, tendrá cuidado de no elogiarse a sí misma, incluso mientras esperan que otros lo hagan. Muy a menudo en conversaciones «corteses» escuchamos a gente que halaga a otros y se acusan a sí mismos —fingiendo humildad—, una pretensión alimentada por el orgullo. La auténtica humildad debe ser una cosa verdaderamente maravillosa si se la imita en casi todos los ámbitos de la vida social, y es considerada —por los orgullosos— como parte esencial de la «buena crianza».

El gozo y dulzura de la humildad

La humildad trae consigo una gran paz. Hay una dulzura que viene con un espíritu humilde. Por el contrario, el hombre orgulloso, el arrogante, no sólo es una molestia para todos a su alrededor, sino que sobre todo es un fastidio para sí mismo. Se molesta por todo y no se contenta con nada. Pasa su vida en un estado intranquilo de frustración. Siempre está enojado. Nada es lo suficientemente bueno para él. Siempre está listo para pelear, siempre se mete en discusiones. Actúa como si Dios mismo debiera hacer todas las cosas para complacerle, y que el universo y toda criatura que en él existe debiera servir a sus necesidades y deseos.

Así como el más leve viento sacude cada hoja de un árbol alto, así cada «viento» (palabras, miradas, expresiones, etc.) agita al hombre orgulloso. Vive al borde del tormento. Pero, ¡piensa en la libertad de la persona humilde! Cuando es despreciada, o alguien arroja una ofensa en su camino, ella ya piensa de sí misma de una manera humilde y sobria, por lo que no se molesta por insultos y ofensas que atormentarían y herirían a un hombre orgulloso. Una persona humilde, a diferencia del orgulloso, no puede ser envenenada con los incidentes cotidianos de la vida. El orgullo trae consigo un espíritu contencioso que está molesto por mil cosas pequeñas a las que los humildes son inmunes. ¡La ironía aquí es que la verdadera humildad y la humildad de corazón traen honor y aprecio a los humildes, aquello que los orgullosos se

«Cambiar los venenos del alma por el amor, la amargura por la dulzura, es promover no sólo la bendición para otros, sino tu propia felicidad».

«Nunca las personas son más miserables y abyectas que cuando se hunden en el pantano de su propia inmundicia».

«La persona sabia busca el gozo en Jesús no porque esté bajo alguna ley o bajo alguna coacción externa, sino porque es motivada por un placer superior»

«La humildad nace de un conocimiento superior de cosas más valiosas».

esfuerzan por tener sin cesar! Los humildes son amados en todas partes, mientras que los orgullosos son golpeados por su propio orgullo, siendo despreciados por muchos incluso mientras llevan una vida pretendiendo ser honrados por todos.

Puesto que la humildad en la vida del creyente se expresa primeramente y ante todo en relación con Dios, es inevitablemente dulce, provoca gozo y es agradable, como todo lo que se relaciona con Dios en la vida del creyente. Hay un verdadero gozo en humillarte ante tu gran y maravilloso Dios. Cuando un creyente tiene un profundo sentido de la majestad y la gloria de Dios, y en consecuencia, se hunde hasta el fondo de sí mismo, ve a Dios como todo, y a sí mismo como nada, y toma el lugar que le corresponde. Allí comprende la expresión del salmista:

> ¡Oh Señor, Señor nuestro,
> cuán glorioso es Tu nombre en toda la tierra,
> que has desplegado Tu gloria sobre los cielos!
> Por boca de los infantes y de los niños de pecho has establecido
> Tu fortaleza,
>
> por causa de Tus adversarios,
> para hacer cesar al enemigo y al vengativo.
> Cuando veo Tus cielos, obra de Tus dedos,
> la luna y las estrellas que Tú has establecido,
> digo: ¿Qué es el hombre para que Te acuerdes de él,
> y el hijo del hombre para que lo cuides?
> (Salmos 8:1-4).

Una persona orgullosa y ambiciosa se deleita en los elogios y aplausos de los demás, recibiendo sus elogios con alegría y placer. Pero su felicidad al recibir la alabanza de los demás no es tan grande como la felicidad de un alma humilde al rechazarla.

> No a nosotros, Señor, no a nosotros,
> sino a Tu nombre da gloria,
> por Tu misericordia, por Tu fidelidad
> (Salmos 115:1).

He hablado breve e inadecuadamente acerca de las ramas principales de la vida cristiana — la Vida Verdadera. Vivirla te enseñará más sobre ella que mis palabras. Puesto que pienso que tu alma ya ha sido despertada para anhelar la Vida Verdadera, ¡entonces sigue adelante y anhela conocer todo lo que Dios tiene para ti! Comienza por la fe a buscar la Vida en toda su plenitud. No tengas miedo de que Dios no te encuentre en tu búsqueda de él, porque él ha dicho:

> Todo lo que el Padre Me da, vendrá a Mí; y al que viene a Mí, de ningún modo lo echaré fuera (Juan 6:37).

> Me buscarán y Me encontrarán, cuando Me busquen de todo corazón (Jeremías 29:13).

Ora esto conmigo

«¡Señor Jesús! ¡Qué maravilla que hayas hecho que mi deber y mi felicidad sean caminar contigo como amigos! En tu bondad has determinado que la "obra" de guardar mi alma para ti sea premiada con la gran recompensa de conocerte. ¿Cómo pueden las criaturas tan pequeñas como nosotros, ser llevadas a tales alturas? ¡Qué misericordia! Tú nos permites a *nosotros* —nos invitas— levantar nuestra mirada hacia *ti*. Qué maravilla: ¡*tú* recibes amor y comunión de *nosotros*! Al contemplarte a ti, tu belleza, carácter y perfección, realmente comenzamos a participar de tu beatitud infinita e insuperable, y comenzamos a conocer la Vida Verdadera y el gozo. ¡Qué gran Dios!

«Señor, ahora puedo ver que el alma que se desprende a sí misma de todos los amores menores —especialmente el amor a sí misma— y que con la ayuda de tu Espíritu Santo pone su amor en ti, crece realmente en salud y fuerza y se vuelve verdaderamente feliz. No hay felicidad como la que viene de amarte por encima de todo, y de amar a otros por tu causa. Creo sinceramente, Señor Jesús, que nunca podré ser feliz mientras no dé muerte a todos mis deseos y caminos egoístas y pecaminosas, conquiste mi orgullo, y aprenda a no amar este mundo pecaminoso.

«¡Pero Señor! ¿Cuándo? ¿Cuándo vendrás a mí en tu misericordia y harás esta obra por mí? Porque yo no puedo hacerlo por mí cuenta. ¡Quiero estar satisfecho en ti, y ser tan santo en ti como sea posible antes de entrar al cielo! Ciertamente, así como tú has engendrado este deseo en mí por ti, tú lo realizarás. Me has concedido un atisbo de la Vida Verdadera. Ahora, Señor, ¿cuándo la traerás en plenitud?

«¡Señor Dios, mi Salvador y mi gozo! Enséñame a hacer tu voluntad. Fortalece y establéceme en tu camino. Tú eres mi Dios y tu Espíritu es bueno, y bueno conmigo. Completa tu obra en mí y tu voluntad para mí. Porque tu misericordia permanece para siempre, sé que no me abandonarás, ni tus planes para mí, porque yo soy la obra de tus manos».

Sácianos por la mañana con tu misericordia,
Y cantaremos con gozo y nos alegraremos todos nuestros días
(Salmos 90:14).

Enséñame, oh Señor, Tu camino;
andaré en Tu verdad;
unifica mi corazón para que tema Tu nombre (Salmos 86:11).

El Señor cumplirá Su propósito en mí;
eterna, oh Señor, es Tu misericordia;
no abandones las obras de Tus manos
(Salmos 138:8).

«¡La verdadera humildad y la humildad de corazón traen honor y aprecio a los humildes, aquello que los orgullosos se esfuerzan por tener sin cesar!».

Parte Tres:
¡La Vida Verdadera es posible!

Una respuesta al desanimado

Amigo mío,

Habiendo comenzado a explorar las maravillas de la Vida Verdadera, es fácil imaginar a alguien tomándose la cabeza y diciendo: «¡Veo la belleza de la vida en Cristo, veo las maravillas de su efecto sobre los demás, pero está demasiado lejos para mí! Estoy tan hundido en el pecado y en mi propia debilidad. ¡Veo la Vida Verdadera como un imposible! Si se me pidiera simplemente que realice ciertos deberes externos, simplemente "hacer" algunas cosas, podría manejar esto. Pero aquí estoy escuchando de un cambio en el interior, ¡y eso es algo que no puedo hacer! Puedo dar dinero a los pobres. Puedo hacer cualquier cantidad de ritos y ceremonias, pero no puedo crear un corazón de amor. ¿Qué voy a hacer?».

> Y si diera todos mis bienes para dar de comer a los pobres, y si entregara mi cuerpo para ser quemado, pero no tengo amor, de nada me aprovecha (1 Corintios 13:3).

«Si pudiera pagar dinero para tener la Vida Verdadera, lo haría. Pero el don de Dios no se puede comprar con dinero (Hechos 8:20). Si pudiera golpearme el cuerpo y maltratarme, para que de alguna manera gane la Vida Verdadera (como lo hacen muchas personas religiosas), lo haría. Pero sé que eso no cambiaría mi corazón mundano por uno celestial... Sé que aún encontraría muchos males acechando en mi interior. ¡Cualquier cosa a la que le cerrara las puertas, treparía por las ventanas!

Soy muy consciente de las debilidades y las fallas de mi cuerpo y mi alma. Pero en lugar de que esto me hiciera humilde, sólo me enoja y pone de mal humor: el orgullo abunda. Y aun cuando, de alguna manera, realmente me considero inferior, no puedo soportar cuando *otros* lo hacen.

«Cuando considero las maravillas de la Vida que has descrito, me siento como un náufrago... capaz de ver la orilla, pero incapaz de alcanzarla. Puedo ver que mi verdadero problema soy yo mismo. Mi yo egoísta. No puedo liberarme de mí mismo. Como una puerta sujeta a sus bisagras que puede girar, pero nunca puede ser libre, así puedo girar a un lado u otro, pero estoy firmemente atado por mi egoísmo. El amor a mí mismo está tan arraigado dentro de mí que no puedo imaginar que alguna vez sea libre de él. La distancia, el abismo, entre mí y la Vida Verdadera que veo en algunos parece imposible de cruzar».

¡Estos temores pueden ser superados!

Estos temores y pensamientos no son inusuales para aquellos que han visto algo de la belleza de la Vida en Cristo. Como los espías de Israel, han visto la belleza de la tierra, pero también han visto a los «gigantes» que la habitan (es decir, «uno mismo»). Ellos ven que la Vida Verdadera es como una tierra que fluye leche y miel, pero las lujurias y corrupciones de sus propios corazones son como los hijos de Anac fueron a los hijos de Israel. Están tan sobrecogidos de miedo que nunca entrarán y vencerán a los gigantes malvados en sus propios corazones.

Vamos a descubrir no hay razón para ceder a estos miedos. Además, no debemos abrigarlos en nuestros pensamientos ni en nuestras palabras. Si lo hacemos, apagarán el fuego en nuestro espíritu, debilitarán nuestras manos en nuestro trabajo y servirán para fortalecer nuestras dificultades. ¡Pero tenemos un magnífico Dios y un maravilloso Evangelio!

Si queremos progresar en nuestras almas, entonces debemos animarnos con cada herramienta que nuestro Dios misericordioso nos ofrece. Porque:

> Hijos míos, ustedes son de Dios y han vencido a los falsos profetas, porque mayor es Aquél que está en ustedes que el que está en el mundo (1 Juan 4:4).

Y:

> El eterno Dios es tu refugio,
> y debajo están los brazos eternos.
> El echó al enemigo delante de ti,
> y dijo: «¡Destruye!» (Deuteronomio 33:27).

Nuestra fuerza *no* está en nosotros mismos, sino en el Señor y en el poder de su fuerza. Es *él* quien pisará y derrotará a nuestros enemigos. Necesitamos *saber* que Dios tiene un corazón tierno y una disposición voluntaria hacia nosotros. Él *quiere* que prosperemos en él. Él ha declarado claramente que no se complace en nuestra destrucción, sino que planea y promueve nuestra prosperidad espiritual.

> «Porque Yo sé los planes que tengo para ustedes», declara el Señor, «planes de bienestar y no de calamidad, para darles un futuro y una esperanza» (Jeremías 29:11).

Nuestro entendimiento de la naturaleza y la disposición de Dios es vital si queremos crecer y prosperar en la Vida Verdadera. Debemos convencernos, por la Biblia, de que *no* hay *ni un ápice* de rencor, envidia o malicia en Dios hacia nosotros. Su naturaleza misma es el Amor. No sólo es un aspecto de su naturaleza, sino su mismísima esencia.

> Y nosotros hemos llegado a saber y creer que Dios nos ama. Dios es amor (1 Juan 4:16).

Él nos creó en un estado feliz. Así es como éramos en otro tiempo. Ahora que hemos caído, él ha puesto nuestra redención en las manos —no de un ángel, arcángel, ni profeta— sino en las manos de su propio Hijo. Jesús mismo es el capitán de nuestra salvación. ¿Qué enemigo puede vencernos cuando estamos bajo el cuidado de Aquel que ya ha vencido al pecado, a Satanás y a la muerte?

> Si Dios está por nosotros, ¿quién estará contra nosotros? El que no negó ni a Su propio Hijo, sino que Lo entregó por todos nosotros, ¿cómo no nos dará también junto con Él todas las cosas? ¿Quién acusará a los escogidos de Dios? Dios es el que justifica. ¿Quién es el que condena? [Nadie] (Romanos 8:31-34).

> Y a Aquél que es poderoso para guardarlos a ustedes sin caída y para presentarlos sin mancha en presencia de Su gloria con gran alegría, al único Dios nuestro Salvador, por medio de Jesucristo nuestro Señor, sea gloria, majestad, dominio y autoridad, antes de todo tiempo, y ahora y por todos los siglos. Amén (Judas 24-25).

Sólo piensa: aquí está el Hijo de Dios, el Hijo eterno de Dios. Amado perfectamente por su Padre. *Él* —y nadie más— es quien deja el cielo y vive, habita, mora entre *nosotros*. ¿Por qué? Nada menos que para redimirnos para su Padre, para recuperar la imagen de su Padre dentro de nosotros, y para resta urarnos a la Vida. Todo lo que hizo, todo lo que sufrió, fue diseñado deliberadamente para este propósito. Él vivió, trabajó, sufrió, sangró, y murió para dar gloria a su Padre mediante la redención de nosotros, los rebeldes.

¿Todo esto fue por nada? ¿Ha sido en vano su esfuerzo? ¡No! Sobre Jesús se promete:

> Debido a la angustia de Su alma,
> él lo verá y quedará satisfecho.
> Por Su conocimiento, el Justo,
> mi Siervo, justificará a muchos,
> y cargará las iniquidades de ellos (Isaías 53:11).

Es imposible que la obra de Jesús por nuestra redención —por *tu* redención—, que es el mismísimo plan eterno del cielo, acabe en nada. El plan de Dios no fracasará. Ya ha salvado a innumerables personas y *tú* no serás el primer «aborto» de Dios. Millones de otras personas han sido traídas desde tan lejos como tú a la plenitud en Cristo. Él ya ha demostrado que «es poderoso para salvar para siempre a los que por medio de Él se acercan a Dios, puesto que vive perpetuamente para interceder por ellos» (Hebreos 7:25). Él es un Salvador dispuesto, tierno y compasivo que conoce nuestras debilidades y ha sido conmovido por ellas. ¡Que esto te infunda valor!

> No quebrará la caña cascada, ni apagará la mecha que humea,
> hasta que lleve a la victoria la justicia (Mateo 12:20).

> Como un padre se compadece de sus hijos,
> así se compadece el Señor de los que Le temen.
> Porque Él sabe de qué estamos hechos,
> se acuerda de que sólo somos polvo (Salmos 103:13-14).

Es más, nuestro Dios misericordioso, bueno y dispuesto, ha enviado a su Espíritu Santo, que está activo hasta hoy (¡tan activo como siempre!), despertando corazones, iluminando las Escrituras, atrayendo pecadores a Cristo y perfeccionando a los débiles creyentes en Cristo. Es el Espíritu Santo de Dios quien da vida a los muertos y ablanda los corazones duros. Es él quien nos ayuda a ver y entender el increíble propósito que Dios tiene para nosotros. Es él quien está listo y dispuesto a ayudarnos a nosotros, criaturas débiles, en nuestro camino hacia la piedad y el gozo. Es él quien apreciará en nosotros la chispa más pequeña de la Vida Verdadera y la convertirá en una llama. ¡Dios el Espíritu Santo hace esto! Es una obra *divina* en nosotros, no nuestra propia obra. Lo que se dice en Cantares del amor entre un esposo y su esposa es ciertamente aún más cierto del amor que Dios tiene por cada uno de nosotros:

> Las muchas aguas no podrán extinguir el amor
> Ni los ríos lo apagarán...
> (Cantares 8:7).

¿Por qué deberíamos pensar que es imposible que el verdadero amor y la bondad finalmente conquisten nuestros corazones? Cuando el día comienza a amanecer, la oscuridad se disipa. Siempre. Como la luz fácilmente destruye la oscuridad, así la Verdad fácilmente domina sobre la ignorancia y la necedad. Las corrupciones de un corazón caído *deben* huir ante las maravillas y el poder del Evangelio. Tal como es el sol naciente, así también «la senda de los justos es como la luz de la aurora, que va aumentando en resplandor hasta que es pleno día» (Proverbios 4:18). Confía en que así como ellos «...van de poder en poder, cada uno de ellos comparece ante Dios en Sion...» (Salmo 84: 7), así también será contigo.

Dios promete perfeccionarte

En la Biblia hay muchas promesas con las que Dios nos asegura que trabajará en nosotros paciente e incansablemente hasta que la obra esté terminada. Parte de nuestra «labor» es confiar en sus promesas y vivir conforme a esa confianza. Sus promesas no están allí para permanezcamos ociosos y pasivos, sino entusiastas y activos. Ellas nos motivan a la acción; ¡no nos mecen para que durmamos!

> ... estando persuadido de esto, que el que comenzó en vosotros la buena obra, la perfeccionará hasta el día de Jesucristo (Filipenses 1:6, RV60).

> Porque con un solo sacrificio ha hecho perfectos para siempre a los que está santificando (Hebreos 10:14, NVI).

Como todas las cosas que pertenecen a la vida y a la piedad nos han sido dadas por su divino poder, mediante el conocimiento de aquel que nos llamó por su gloria y excelencia, por medio de las cuales nos ha dado preciosas y grandísimas promesas, para que por ellas llegaseis a ser participantes de la naturaleza divina, habiendo

«Si queremos progresar en nuestras almas, entonces debemos animarnos con cada herramienta que nuestro Dios misericordioso nos ofrece».

«Nuestra fuerza no está en nosotros mismos, sino en el Señor y en el poder de su fuerza».

«Él es un Salvador dispuesto, tierno y compasivo que conoce nuestras debilidades y ha sido conmovido por ellas».

«Las corrupciones de un corazón caído deben huir ante las maravillas y el poder del Evangelio».

huido de la corrupción que hay en el mundo a causa de la concupiscencia; vosotros también, poniendo toda diligencia por esto mismo, añadid a vuestra fe virtud; a la virtud, conocimiento; al conocimiento, dominio propio; al dominio propio, paciencia; a la paciencia, piedad; a la piedad, afecto fraternal; y al afecto fraternal, amor.

Porque si estas cosas están en vosotros, y abundan, no os dejarán estar ociosos ni sin fruto en cuanto al conocimiento de nuestro Señor Jesucristo. Pero el que no tiene estas cosas tiene la vista muy corta; es ciego, habiendo olvidado la purificación de sus antiguos pecados (2 Pedro 1:3-9, RV60).

> Porque a los que antes conoció, también los predestinó para que fuesen hechos conformes a la imagen de su Hijo, para que él sea el primogénito entre muchos hermanos. Y a los que predestinó, a éstos también llamó; y a los que llamó, a éstos también justificó; y a los que justificó, a éstos también glorificó (Romanos 8:29-30, RV60).

Así que abre tu Biblia, ve delante de Dios, eleva tu corazón a él, ¡y deja que su Palabra encienda la verdadera fe en tu corazón!

Piensa en esto: la raza humana entera (cuando estaba compuesta de dos personas, Adán y Eva) en un momento estuvo llena de bondad y amor. El pecado y el odio son invasores. No son originales, sino usurpadores. Sí, ahora todos estamos caídos en Adán, y el amor a uno mismo está profundamente arraigado en nuestra naturaleza, pero en otro tiempo no fue así. Si fuéramos «justos» amaríamos a Dios completamente y seríamos totalmente fieles a él. Si estuviéramos en sintonía con Dios, lo amaríamos infinitamente más de lo que nos amamos a nosotros mismos, y fácilmente cumpliríamos su voluntad. ¡Ciertamente Aquel que nos hizo es capaz —y está dispuesto— a enmendarnos! Ciertamente él nos ayudará en esta lucha, si vamos a entrar en ella. Nosotros también podemos ser como aquellos que «se hicieron poderosos en la guerra, [y] pusieron en fuga a ejércitos extranjeros» (Hebreos 11:34), incluso a los enemigos dentro de nuestros propios corazones.

Tú encontrarás que tan pronto como determines entrar en esta lucha, ¡todo el cielo estará allí para ayudarte! Más que eso, toda la Iglesia (es decir, los verdaderos creyentes) en la tierra estará presta a apoyarte y animarte. Los cristianos de todo el mundo están y estarán orando por ti y por tu victoria sobre el pecado, sobre Satanás y sobre ti mismo. Luego está la Iglesia Triunfante — los creyentes que están ahora en el cielo — que sin duda tienen un interés en tu bienestar y victoria. La Biblia parece decir que esta gran nube de testigos en realidad intercede ante el trono de Dios por nosotros (ver Hebreos 12:1; Apocalipsis 6:9-10). Así como Eliseo exhortó a su siervo a que abriera los ojos y viera los ejércitos del cielo en formación de batalla por ellos, ¡así nuestros ojos de fe necesitan ser abiertos para que veamos el gran auxilio del cielo para nosotros!

> Por tanto, puesto que tenemos en derredor nuestro tan gran nube de testigos, despojémonos también de todo peso y del pecado que tan fácilmente nos envuelve, y corramos con paciencia (perseverancia) la carrera que tenemos por delante, puestos los ojos en Jesús, el autor y consumador de la fe, quien por el gozo puesto delante de Él soportó la cruz, despreciando la vergüenza, y se ha sentado a la diestra del trono de Dios. Consideren, pues, a Aquél que soportó tal hostilidad de los pecadores contra Él mismo, para que no se cansen ni se desanimen en su corazón (Hebreos 12:1-3).

Somos activos en esto, pero también lo es Dios

Así que, ¡fuera todos los miedos —y excusas! Más de la mitad de la batalla está ganada cuando vemos el corazón de Dios en este asunto. Cristo compró nuestro perdón en la Cruz, pero también compró nuestra santificación. Cuando vemos el corazón de Dios, podemos determinar, por la gracia de Dios, trabajar y orar, batallar y confiar, luchar y creer, obrar y apoyarnos en Dios, hacer nuestra parte y confiar en que Dios haga su parte. No somos pasivos, pero tampoco estamos solos en este esfuerzo: «Levántate y trabaja, y que el Señor sea contigo» (1 Crónicas 22:16).

No te confundas aquí: La salvación es del Señor. No podemos hacer nada para expiar nuestros pecados. No podemos pagar el precio para rescatarnos. Y es Dios quien estimula nuestros corazones y nos lleva a una nueva vida en Cristo. No lo hacemos nosotros mismos. Dios lo hace soberana y misericordiosamente. Recibimos el perdón de nuestros pecados simplemente por fe, y somos justificados por nuestro santo Dios de gracia. Asimismo, recibimos nuestra santificación (crecemos en la semejanza de Cristo) por la fe, confiando que la promesa de Dios actúe en nosotros, y confiando en que él nos *capacite para la acción*.

Por lo tanto, en el continuo crecimiento de nuestras almas, no somos pasivos. La fe es confianza activa. La fe no induce pereza, sino que produce acción. Es por eso que en la búsqueda de un carácter santo, la Biblia describe la vida cristiana con palabras como «luchar», «correr», «vigilar» y «ser diligentes». A fin de cuentas, somos tan santos y felices como queremos ser. Si pasamos el tiempo sin hacer nada, esperando pasivamente que Dios haga lo que él nos ha mandado hacer y para lo cual nos ha capacitado, nunca tendremos progresos. Debemos aplicar la misma diligencia y esfuerzo en nuestro progreso cristiano como un atleta, un soldado, o un labrador se esfuerzan en el suyo (cf. 2 Timoteo 2:1-7). Dios da toda gracia para lo que él ordena.

Tomemos un ejemplo del mundo que nos rodea. No podemos crear la más pequeña flor. No podemos hacer un tallo de trigo. Sólo Dios puede. Todo nuestro esfuerzo e ingenio no pueden crear algo de la nada.

> Él hace brotar la hierba para el ganado (Salmos 104:14).

Pero, ¿quién, por lo tanto, sugeriría que no necesitamos el trabajo del labrador para tomar lo que Dios ha creado y administrarlo en la abundancia?

> Y las plantas para el servicio del hombre (Salmos 104:14).

Del mismo modo, sólo Dios puede formar al niño en el vientre. Es él quien crea el milagro de la vida. Sólo él puede crear un alma. Pero, ¿quién puede negar que él también ha ordenado el lecho matrimonial como el medio para traer esa vida a la existencia, y la nutrición y la sabiduría de los padres para llevar esa vida a la edad adulta?

Por lo tanto, Dios debe, con soberana gracia y poder, impartir Vida en un alma muerta. Sólo él puede hacerlo. Lo hace por medio del oír el Evangelio y la obra del Espíritu Santo. No obstante, debemos entonces estimularnos para responder a su despertar. En cierto sentido, es como responder a un despertador. Somos pasivos en el sentido de que sólo Dios puede despertar el alma realizando la milagrosa y secreta obra interior. Pero entonces debemos estar activos para responder. Las imágenes de este equilibrio entre la obra soberana de Dios y nuestra respuesta activa están a través de toda la Biblia:

> Entonces Jesús dijo al hombre: «Extiende tu mano». Y él la extendió, y le fue restaurada, sana como la otra (Mateo 12:13).

> Jesús le dijo: «Levántate, toma tu camilla y anda». Al instante el hombre quedó sano, y tomó su camilla y comenzó a andar (Juan 5:8-9).

> Pero por la gracia de Dios soy lo que soy, y Su gracia para conmigo no resultó vana. Antes bien he trabajado mucho más que todos ellos, aunque no yo, sino la gracia de Dios en mí (1 Corintios 15:10).

En la obra inicial de salvar a los pecadores, hay momentos en los que Dios abruma a los que no están dispuestos, interponiéndose en su camino, apoderándose de ellos y deteniendo su camino descarriado. El ejemplo obvio es Saulo (quien pronto sería Pablo) en el camino a Damasco. Hasta donde podemos ver, al parecer en Pablo no había ningún movimiento hacia Dios. Dios lo abrumó. Pero «normalmente» —incluso en el primer momento de la conversión— Dios usa «medios»: el predicador predica y ordena al pecador que se arrepienta. El pecador responde, se vuelve, se arrepiente, viene, y cree. Dios está obrando donde solo él puede, pero el hombre está obedeciendo al responder. Nosotros vemos lo externo, pero Dios está haciendo lo interno.

Si responder en obediencia activa es necesario en los primeros momentos de la salvación, ¿cuánto más lo es nuestra respuesta a las obras de Dios necesarias para el crecimiento de nuestras almas?

¿Cómo desarrollamos la Vida Verdadera?

Así que, mi siguiente deber feliz es mostrar el curso que debemos tomar a fin de ver esta preciosa Vida desarrollarse dentro de nosotros. Me alegra decir que no tengo la verdad completa y única en este asunto. Encontrarás a otros que te ayudarán, otros que tengan sabiduría. Tal como un médico determinado puede prescribir un remedio y otro puede prescribir otro igualmente eficaz, ¡así también hay ayuda y hay sabiduría aparte de mí! Sin embargo, es mi esperanza que lo que te comparta te ayude, así como otros podrían encontrar ayuda con el consejo de otra persona. Dios tiene más de una manera de tratar con las almas de hombres y mujeres, ya que todos difieren unos de otros. Por lo tanto, no debemos sentirnos molestos o inquietos, si encontramos ayuda de una manera que no ha sido exactamente prescrita o utilizada por otro.

En consecuencia, quiero que veas una verdadera libertad en lo que sigue. Sí, hay un orden para ello, pero esto no es ley o legalismo. Esto no es una receta. No estamos haciendo un pastel; nos estamos ayudando los unos a los otros en el camino hacia la plenitud en Cristo. Sin embargo, las siguientes «piezas» sí encajan, y si se aplican con diligencia, en la medida que puedas, servirán para ayudarte en el camino hacia la Vida Verdadera.

Hay una *intencionalidad* en lo que sigue. Así como no te pondrás en forma mientras estés sentado en el sofá con un plato de pastelillos, tampoco ganarás la Vida mientras tu enfoque esté en cosas triviales. No irás a aguas profundas chapoteando en la orilla. Tiene que haber una resolución, una intención, una desesperación. La gracia no está disponible para hacernos perezosos y cubrir nuestras excusas, sino para potenciarnos y capacitarnos para hacer lo que de otro modo sería imposible y estaría fuera de nuestro alcance natural.

¡Así que! ¡Ten valor y vamos a empezar!

En primer lugar, conviértete de toda forma de pecado

Si somos serios en esta búsqueda de una vida santa y piadosa, si verdaderamente queremos honrar a Dios y vivir para Su gloria, si realmente es nuestro deseo tener nuestras vidas conformadas a Su voluntad y Su Imagen completamente formada dentro de nosotros, entonces *debemos* declarar la guerra a los pecados que no sólo cometemos externamente, sino a los que residen secretamente en nuestros corazones. ¡Aquí debe haber una verdadera resolución! ¡Debe haber un cuidado diligente! Debe haber un vuelco deliberado y un alejamiento del pecado en todas sus formas. Aquí *no puedes* «tomar atajos». Pero *puedes* clamar a Dios por su ayuda sobrenatural: «Ten piedad de mí, oh Dios, conforme a tu misericordia;… Crea en mí, oh Dios, un corazón limpio, y renueva un espíritu recto dentro de mí» (Salmos 51:1,10). ¡Encontrarás todo el Cielo de tu lado una vez que resuelvas ser duro con tus pecados!

¡El verdadero arrepentimiento es un asunto serio! Es violento y radical. Los tiempos de arrepentimiento son tiempos de crisis. Son momentos definitorios:

> Y si tu pie te es ocasión de pecar, córtalo; te es mejor entrar cojo a la vida, que teniendo los dos pies ser echado al infierno, donde el gusano de ellos no muere, y el fuego no se apaga. Y si tu ojo te es ocasión de pecar, sácatelo; te es mejor entrar al reino de Dios con un solo ojo, que teniendo dos ojos ser echado al infierno, donde el gusano de ellos no muere, y el fuego no se apaga (Marcos 9:45-48).

¡Pero el arrepentimiento conduce a la Vida!

> Porque la tristeza que es conforme a la voluntad de Dios produce un arrepentimiento que conduce a la salvación, sin dejar pesar… (2 Corintios 7:10).

No nos atrevamos, no podemos hacer ningún trato con el pecado. Debemos deponer cada arma de rebelión. Aquí no puede haber blandura. Todo pecado intencional es una herida profunda y peligrosa para el alma. El pecado es veneno, y no podemos esperar ninguna salud espiritual si al mismo tiempo estamos envenenando el

«Nuestros ojos de fe necesitan ser abiertos para que veamos el gran auxilio del cielo para nosotros».

«Si pasamos el tiempo sin hacer nada, esperando pasivamente que Dios haga lo que él nos ha mandado hacer y para lo cual nos ha capacitado, nunca tendremos progresos».

«Nosotros vemos lo externo, pero Dios está haciendo lo interno».

«Dios tiene más de una manera de tratar con las almas de hombres y mujeres, ya que todos difieren unos de otros».

«La gracia no está disponible para hacernos perezosos y cubrir nuestras excusas, sino para potenciarnos y capacitarnos para hacer lo que de otro modo sería imposible y estaría fuera de nuestro alcance natural».

alma. El pecado nos aleja de Dios y de todos sus buenos planes para nosotros. Si nuestras manos están sucias, nuestro corazón también será contaminado. (En otras palabras, no podemos aplicar el falso consuelo de que aunque estamos haciendo mal, nuestros corazones están bien, los corazones y las manos están vitalmente y siempre conectados).

Ahora, admitiré que las tentaciones son fuertes. Admitiré que nuestra naturaleza es vil y corrupta. Pero no admitiré que resistir el pecado y la tentación sea una imposibilidad. Todavía tenemos *algo* de poder en nuestros cuerpos para controlar a dónde nos llevan nuestros pies y dónde van nuestras manos. Tenemos cierto control sobre nuestras lenguas, pensamientos y fantasías. ¡*No* estamos totalmente desamparados y por lo tanto no somos excusables! Si en realidad comenzamos a ejercitar los músculos de la resistencia, los encontraríamos cada vez más fuertes y las tentaciones serían cada vez más débiles. ¡Pero tenemos que *quererlo*! Esto requerirá un compromiso total de nosotros mismos y de nuestras voluntades; requerirá vigilancia y cuidado si —incluso en un sentido natural— vamos a ejercer nuestras facultades en la medida de lo posible. Muchos prefieren esconderse detrás de la excusa de «¡no puedo evitarlo!».

El secreto para odiar el pecado está en atesorar a Jesús

Cuando uno peca, en realidad está diciendo: «Jesús, en este momento yo amo y atesoro este pecado más que a ti». Lo opuesto a amar el pecado es amar a Jesús. El poder de su amor en nosotros es más fuerte que el poder del pecado sobre nosotros. Así que el secreto no está en «trabajar con mayor empeño», sino en «atesorar a mayor altura». Es cuando atesoramos a Cristo —su amor por nosotros y nuestra respuesta de amor hacia él— por *sobre* todo lo demás, incluido el pecado, que encontramos un nuevo poder sobre los viejos pecados. Como alguien ha observado, el amor de Dios (y yo añadiría, nuestra relación de amor hacia Dios) tiene un *poder expulsor* sobre el pecado. Puede expelerlo de nuestra vida.

Si quieres romper el poder del pecado en tu vida, abre tu Biblia, eleva tu corazón al cielo y pídele al Espíritu Santo que te muestre la gloria de Jesús en su Libro. Ponte el objetivo de llegar a un lugar donde veas y saborees a tu Salvador en su Palabra; un lugar donde tu relación con él sea para ti más valiosa que todos los tesoros del mundo y más agradable que el mayor placer de cualquier pecado. Atesorar a mayor altura le hará un mayor bien a tu alma que toda una vida de trabajar con mayor empeño.

¿Cómo podría yo cometer tal maldad y pecar así contra Dios?
(José a la esposa de Potifar, Génesis 39:9).

¡Conoce a tu enemigo! Necesitamos identificar el pecado

Si vamos a luchar contra el pecado, debemos estar seguros de que sabemos exactamente lo que es. Al identificar el pecado, no nos atrevamos a tomar el consejo de los que nos rodean o de la opinión común de la sociedad —incluso de aquellos que consideramos como «buenas personas». La mayoría de nosotros tenemos una visión muy liviana del pecado, especialmente de nuestro propio pecado. De hecho, para algunos, ¡el único pecado real es ser precisos con el pecado! A menos que algo sea lo que la sociedad podría llamar un «pecado grave» (y esa definición cambia con la moda), la mayoría no reconoce las cosas como pecaminosas que de hecho son mortales para el alma. Tendemos a permitirnos bastante licencia en lo que concierne a nuestros pecados.

La mayoría de nosotros abraza mucho el orgullo y la vanidad. Permitimos la necedad y la inmundicia en nuestro comportamiento y habla. Incluso si lo vemos como pecado, nuestro progreso en contra de él suele volverse lento y arrastrado, y nuestras victorias son pocas. ¡Es evidente que necesitamos una mejor estrategia!

En primer lugar, necesitamos reconocer que cada uno de nosotros debe responder por sí mismo ante Dios, y no hará ningún bien en decir ese día: «Bueno, ¡Juan lo hizo!», o: «¡Yo fui mejor que algunos!». «Porque todos nosotros debemos comparecer ante el tribunal de Cristo, para que cada uno sea recompensado por sus hechos estando en el cuerpo, de acuerdo con lo que hizo, sea bueno o sea malo» (2 Corintios 5:10).

Es una necedad —una verdadera insensatez— juzgarnos a nosotros mismos por cualquier otro estándar que no sea por el que seremos juzgados. Si alguna vez vamos a ordenar nuestras vidas, y enderezar nuestros caminos, será sólo tomando en cuenta la Palabra de Dios (cf. Salmos 119: 9). Es porque la Palabra de Dios es rápida, aguda, activa, capaz de penetrar y discernir (cf. Hebreos 4:12) que solo ella es capaz de examinar nuestras profundidades y traer a la luz cosas ocultas en la oscuridad y que de otra manera no podríamos ver, y que tal vez los demás estimen como correctas.

> En cuanto a las obras de los hombres,
> por la palabra de Tus labios
> Yo me he guardado de los caminos de los violentos
> (Salmos 17:4).

Si odiáramos el pecado tanto como odiamos la enfermedad, llevaríamos mejores vidas. Como una leve tos que predice una grave enfermedad, así también un pequeño pecado predice un futuro de lamento. Podemos saber dónde comienza el pecado, pero nunca podemos saber dónde acabará. El hijo pródigo no estaba pensando en una pocilga cuando se alejó osadamente de la casa de su padre. Las pequeñas indiscreciones de Sansón lo condujeron a perder más que la vista: perdió la presencia de Dios en su vida. La lista es interminable: Judas, Demas, Balaam. El pecado es serio; el pecado es mortal. Merece nuestro mayor aborrecimiento.

¡Necesitamos saber lo que Dios piensa! Necesitamos conocer Su mente tal como él nos la ha mostrado en su Palabra. Necesitamos saber lo que Jesús tiene que decir y lo que los apóstoles dicen. Necesitamos leer y someternos a nuestras Biblias, y en oración pedir a Dios que convenza nuestros corazones de *cualquier cosa* desagradable para Él. Sólo entonces, si lo hacemos con una intención honesta, conoceremos la mente de Dios con respecto al pecado. Luego de haber descubierto lo que Dios piensa acerca del pecado, debemos decidir que *nunca más* vamos a considerar al pecado como algo ligero e inofensivo. No vamos a bromear sobre ello y tratarlo como si no fuera importante. De hecho, necesitamos estar completamente convencidos de que el pecado más pequeño es infinitamente malo y peligroso. El pecado más pequeño tiene un poder letal para el alma como el tumor más pequeño lo tiene para el cuerpo. Nadie estaría contento con un «pequeño» cáncer. ¡Todos lo quieren fuera! ¡Ven lo peligroso que es si no se lo trata! Si pensáramos correctamente, estaríamos tan perturbados por los pecados más pequeños como lo estamos por los crímenes más grandes. Ambos son infinitamente viles ante los ojos de Dios, y ¡ambos tienen el poder de arruinar un alma!

Considerar adónde nos llevará el pecado nos ayudará a resistirlo

Cuando Dios nos muestra las cosas pecaminosas, veremos que algunas de ellas nos han sido muy queridas. ¡Hemos amado a algunas de ellas durante mucho tiempo! Hemos aprendido a consolarnos en algunas de ellas. ¡Algunas de ellas son tan preciosas para nosotros que solo las sacamos en ocasiones especiales! Es por eso que Jesús dice que el arrepentimiento puede ser muy doloroso —incluso mutilador— para nuestro «yo» pecaminoso. De nuevo:

> Y si tu ojo te es ocasión de pecar, sácatelo; te es mejor entrar al reino de Dios con un solo ojo, que teniendo dos ojos ser echado al infierno… (Marcos 9:47).

Entonces, ¿debemos esperar —cobijando nuestros pecados— hasta que sea fácil arrepentirnos y terminar con ellos? ¿Será más fácil remover un cáncer mañana —cuando sea más grande— que hoy? ¡Nunca será más fácil que hoy seguir adelante con esta

«El pecado es veneno, y no podemos esperar ninguna salud espiritual si al mismo tiempo estamos envenenando el alma».

«La mayoría de nosotros tenemos una visión muy liviana del pecado, especialmente de nuestro propio pecado».

«Si alguna vez vamos a ordenar nuestras vidas, y enderezar nuestros caminos, será sólo tomando en cuenta la Palabra de Dios».

«Luego de haber descubierto lo que Dios piensa acerca del pecado, debemos decidir que **nunca más** vamos a considerar al pecado como algo ligero e inofensivo».

lucha! No seas como los niños pequeños que se cuelgan de un juguete hasta que están cansados de él y sólo entonces lo dejan. El pecado no funciona de esa manera. Se adhiere a nosotros. Se profundiza en nosotros cada vez que lo consentimos. Tampoco debemos esperar pasivamente que Dios nos cambie y lo haga fácil para nosotros, cuando todo el tiempo él nos está instando a seguir adelante y lidiar con ello.

¡Dios está presto a ayudarnos! Su Espíritu Santo potenciará nuestro débil esfuerzo y añadirá fuerza a nuestro débil arrepentimiento. Nunca debemos ser reacios a exponer el pecado, ¡porque Jesús es un experto en limpiar el pecado de nuestros corazones! ¡Ten la voluntad de descubrirlo y estar listo para arrepentirte!

> Si decimos que no tenemos pecado, nos engañamos a nosotros mismos y la verdad no está en nosotros. Si confesamos nuestros pecados, Él es fiel y justo para perdonarnos los pecados y para limpiarnos de toda maldad (iniquidad) (1 Juan 1:8-9).

Supongamos por un minuto que no tenemos mayor motivación para arrepentirnos que un deseo de escapar del infierno. Imaginemos que no somos movidos por un principio más alto como el amor de Dios, o el deseo de verlo glorificado en nuestras vidas. Bueno, dejemos que el motivo egoísta —el deseo de evitar las horribles consecuencias del pecado— nos dé un empujón hacia el arrepentimiento. Si el egoísmo nos hizo buscar el placer pecaminoso, que nos ayude a apartarnos de esos placeres para evitar el castigo que el pecado conlleva inevitablemente. Lucha contra el egoísmo con su propia arma, al menos para empezar. Nunca te hará mal detenerte y pensar en la ofensa que tu pecado le ha causado a nuestro Dios que odia el pecado, y qué terrible es finalmente enfurecer a un Dios paciente. Nunca estarás equivocado al considerar el hecho de que toda tu existencia depende de la increíble misericordia de Dios, y lo único que Él tiene que hacer es darte lo que mereces, y serás desdichado para siempre.

> Pero Yo les mostraré a quién deben temer: teman a Aquel que, después de matar, tiene poder para arrojar al infierno; sí, les digo: ¡A Él, teman! (Lucas 12:5).

La gente no quiere pensar de esta manera, pero deberían, y debemos hacerlo si queremos progresar para alejarnos del pecado y la muerte e ir hacia la Vida Verdadera.

Tenemos que pensar a menudo en la brevedad de nuestras vidas y en la cercanía de la muerte. Unas pocas vueltas más a la tierra, unas pocas conversaciones más, unas pocas alegrías y penas, y todos —cada uno de nosotros— seremos puestos en una tumba oscura y fría. Si no nos hemos arrepentido, nos llevaremos angustias y remordimientos inimaginables por todos nuestros placeres ofensivos. Tómate un tiempo y ponte a pensar en la miseria de un alma culpable, que se encuentra indefensa, sin Salvador, expuesta ante el Juez Santo, imparcial y severo: de pie allí para dar cuenta, no sólo de las cosas grandes, sino de cada palabra pronunciada y cada pensamiento.

> Pero Yo les digo que de toda palabra vana que hablen los hombres, darán cuenta de ella en el día del juicio (Mateo 12:36).

> Has puesto nuestras iniquidades delante de Ti, nuestros pecados secretos a la luz de Tu presencia (Salmos 90:8).

¡Cuánto necesitamos a Jesús!

Haremos bien en pensar a menudo en nuestro último día en esta vida. Eso nos ayudará a vivir bien hoy. Más que eso, a menudo debemos meditar en el momento en que la historia, tal como la conocemos, terminará. Habrá un día en el que los mismos cimientos de la tierra serán sacudidos: «Pero el día del Señor vendrá como ladrón, en el cual los cielos pasarán con gran estruendo, y los elementos serán destruidos con fuego intenso, y la tierra y las obras que hay en ella serán quemadas» (2 Pedro 3:10). Entonces veremos —con nuestros propios ojos— a nuestro precioso Señor Jesús. El mismo que vino a este mundo en humildad para pagar por nuestros pecados y para rescatarnos del pecado, de Satanás y de la muerte, aparecerá, no en humildad, sino en majestad, en fuego ardiente. Entonces vengará todos los males de sus enemigos y tratará con todos los que han pensado que lo habían desechado... «[Espera] hasta que el Señor venga, el cual sacará a la luz las cosas ocultas en las tinieblas y también pondrá de manifiesto los designios de los corazones» (1 Corintios 4:5).

Entonces, en ese día —piensa en esto— los pecados secretos, los pequeños fraudes, que el mundo nunca imaginó que estuvieran en nosotros, serán expuestos y abiertos para que todos los vean. Miles de acciones, palabras e intenciones, que nunca consideramos pecaminosas, serán traídas a nuestras conciencias, que estarán plenamente despiertas. En ese momento, nuestra convicción de culpabilidad será tan clara que nosotros y todos veremos que no tendrá sentido disputar nuestro caso o causa.

Cada ángel en el cielo, y cada creyente que haya vivido en la tierra aprobará la terrible sentencia de nuestro Santo Dios. La maldad será tan evidente que incluso aquellos que han amado la maldad en grado sumo estarán de acuerdo con Dios —con sus sentidos finalmente despertados— en que merecen castigo. Así que no harán apelación, pero, odiando lo que antes amaron, estarán de acuerdo con Dios contra sí mismos.

Jesucristo habla del castigo eterno en los términos más gráficos. Aquí está Aquel que es amigo del pecador. No obstante, usa las metáforas más fuertes para describir lo indescriptible. Debemos prestar mucha atención a sus advertencias y pensar en las imágenes y las ilustraciones que nos inculca; y mientras tanto recordemos que la realidad será peor que la metáfora. Por desagradable que sea este tema, por incómodo que sea hablar y pensar en ello, la experiencia de ese castigo será mucho peor que cualquier discusión que tengamos ahora. Si no podemos soportar *esto*, ¿cómo creemos que vamos a soportar *aquello*? La esperanza es que al ver la manera en que Jesús describe el juicio y el castigo en la Biblia, podamos atemorizarnos y persuadirnos de cambiar nuestro rumbo. ¿Por qué otra razón Jesús nos habría advertido de una manera tan gráfica? Por mucho que amemos nuestros pecados, y estimemos nuestra rebelión contra Dios, ¡la contemplación de la ira eterna debe hacernos dar vuelta!

> No teman a los que matan el cuerpo, pero no pueden matar el alma; más bien teman a Aquél que puede hacer perecer tanto el alma como el cuerpo en el infierno (Mateo 10:28).

Había cierto hombre rico que se vestía de púrpura y lino fino, celebrando cada día fiestas con esplendidez. Y un pobre llamado Lázaro que se tiraba en el suelo a su puerta cubierto de llagas, ansiaba saciarse de las migajas que caían de la mesa del rico; además, hasta los perros venían y le lamían las llagas.
Sucedió que murió el pobre y fue llevado por los ángeles al seno de Abraham; y murió también el rico y fue sepultado. En el Hades (la región de los muertos) el rico alzó sus ojos, estando en tormentos, y vio a Abraham a lo lejos, y a Lázaro en su seno. Y gritando, dijo: «Padre Abraham, ten misericordia de mí, y envía a Lázaro para que moje la punta de su dedo en agua y refresque mi lengua, pues estoy en agonía en esta llama».
Pero Abraham le dijo: «Hijo, recuerda que durante tu vida recibiste tus bienes, y Lázaro, igualmente, males; pero ahora él es consolado aquí, y tú estás en agonía. Además de todo esto, hay un gran abismo puesto entre nosotros y ustedes, de modo que los que quieran pasar de aquí a ustedes no pueden, y tampoco nadie puede cruzar de allá a nosotros».

Entonces él dijo: «Te ruego, pues, padre, que lo envíes a la casa de mi padre, pues tengo cinco hermanos, de modo que él los prevenga, para que ellos no vengan también a este lugar de tormento» (Lucas 16:19-28).

¿Por qué crees que la Biblia, el libro que más habla del amor (y especialmente del amor de Dios) que cualquier otro libro, habla tan apasionadamente acerca de la ira y del infierno si no es para alejarnos de los pecados que amamos y que Dios odia? Las descripciones de la Biblia están calculadas para influir no sólo en la mente cristiana, sino en la mente más carnal. Es (sin duda) cierto que el miedo al infierno no puede hacer a una persona verdaderamente buena, ni puede transformar el corazón. Pero puede utilizarse para frenar el pecado y abrir los ojos de la persona, y así preparar el camino para un mejor mensaje de amor y gracia.

Debemos estar atentos a nosotros mismos en todo momento

Ahora bien, no sirve de nada pensar en estas cosas, ser conmovidos al reflexionar sobre ellas, e incluso tomar algunas resueltas decisiones con respecto a ellas, si no vemos la necesidad de vigilarnos a nosotros mismos todo el tiempo. ¡Esto no es negociable! Muchos son agitados, sacudidos, despertados— pero sólo por un rato. En poco tiempo se quedan dormidos, por así decirlo, y pierden la perspectiva eterna nuevamente. Es en ese mismo momento, cuando nuestra guardia está baja, que el Tentador ataca. Escuchamos que tocan nuestra puerta, ¡y a veces podemos abrirla incluso antes de darnos cuenta de que es el enemigo de nuestras almas el que desea entrar! Muchos de nosotros, como necios, vivimos la vida rápida de la denominada «aventura», apenas conscientes de los peligros que nos rodean, reflexionando poco o nada sobre lo que pensamos, decimos, hacemos, hacia dónde vamos, o la compañía en la que andamos.

Este es un asunto muy serio. Si queremos ir más allá de sólo unos pocos impulsos fugaces por «ser mejores», deseando más bien que la Vida Verdadera prospere dentro de nosotros, debemos prestar mucha atención a nuestros caminos. Necesitamos estudiar nuestros corazones y conocer sus impulsos y sus motivaciones. ¿De dónde vienen nuestras pasiones y hacia dónde se dirigen? ¿Qué es lo que provoca un acto o un pensamiento o una palabra en particular? ¿Glorificará a Dios, mejorará nuestra vida, y beneficiará a otros? Necesitamos aprender a vivir con la conciencia vital de que siempre estamos en la presencia de Dios. Necesitamos tener la mirada en Aquel que siempre tiene sus ojos sobre nosotros. Necesitamos estar conscientes —realmente conscientes— del hecho de que estamos rodeados de su luz. No hay rincones oscuros donde podamos ocultar la inmundicia; no de él.

Esta realidad necesita convertirse en nuestra vida de reflexión habitual. La percepción consciente del Dios siempre presente es a la vez el mayor impedimento del pecado y el mayor descubridor del mismo. Cualquier excusa que tú o yo podamos presentar, por más que podamos hacer que el pecado sea aceptable, no nos atrevemos a mirar a Dios directamente a la cara con nuestras excusas. Si lo miramos, él alumbrará su luz sobre nosotros. Él nos instruirá, nos corregirá y nos guiará.

> Oh Señor, Tú me has escudriñado y conocido.
> Tú conoces mi sentarme y mi levantarme;
> desde lejos comprendes mis pensamientos.
> Tú escudriñas mi senda y mi descanso,
> y conoces bien todos mis caminos.
>
> Aun antes de que haya palabra en mi boca,
> oh Señor, Tú ya la sabes toda.
> Por detrás y por delante me has cercado,
> y Tu mano pusiste sobre mí.
> Tal conocimiento es demasiado maravilloso para mí;
> es muy elevado, no lo puedo alcanzar.
>
> ¿Adónde me iré de Tu Espíritu,
> o adónde huiré de Tu presencia?
> Si subo a los cielos, allí estás Tú;
> si en el Seol preparo mi lecho, allí Tú estás.
>
> Si tomo las alas del alba,
> y si habito en lo más remoto del mar,
> aun allí me guiará Tu mano,
> y me tomará Tu diestra.
>
> Si digo: «Ciertamente las tinieblas me envolverán,
> y la luz a mi alrededor será noche»;
> ni aun las tinieblas son oscuras para Ti,
> y la noche brilla como el día.
> Las tinieblas y la luz son iguales para Ti.
>
> Porque Tú formaste mis entrañas;
> me hiciste en el seno de mi madre.

«Si el egoísmo nos hizo buscar el placer pecaminoso, que nos ayude a apartarnos de esos placeres para evitar el castigo que el pecado inevitablemente trae».

«La esperanza es que al ver la manera en que Jesús describe el juicio y el castigo en la Biblia, podamos atemorizarnos y persuadirnos de cambiar nuestro rumbo».

«Necesitamos aprender a vivir con la conciencia vital de que siempre estamos en la presencia de Dios».

Te daré gracias, porque asombrosa y
maravillosamente he sido hecho;
maravillosas son Tus obras,
y mi alma lo sabe muy bien.

No estaba oculto de Ti mi cuerpo,
cuando en secreto fui formado,
y entretejido en las profundidades de la tierra.
Tus ojos vieron mi embrión,
y en Tu libro se escribieron todos
los días que me fueron dados,
cuando no existía ni uno solo de ellos.

¡Cuán preciosos también son para mí, oh Dios, Tus pensamientos!
¡Cuán inmensa es la suma de ellos!
Si los contara, serían más que la arena;
al despertar aún estoy contigo.

¡Oh Dios, si Tú hicieras morir al impío!
Por tanto, apártense de mí, hombres sanguinarios.
Porque hablan contra Ti perversamente,
y Tus enemigos toman Tu nombre en vano.
¿No odio a los que Te aborrecen, Señor?
¿Y no me repugnan los que se levantan contra Ti?
Los aborrezco con el más profundo odio;
se han convertido en mis enemigos.

Escudríñame, oh Dios, y conoce mi corazón;
pruébame y conoce mis inquietudes.
Y ve si hay en mí camino malo,
y guíame en el camino eterno
(Salmos 139).

Necesitamos examinar regularmente nuestras acciones

Tener cuidado de nosotros mismos no es una versión «de lujo» de la Vida Cristiana. Es necesario para todos los que quieran prosperen en su andar con el Señor. El camino de la negligencia es el camino a la destrucción. Es el camino de la conciencia endurecida. El camino a la Vida es la senda del precavido y el camino de la conciencia sensible. Necesitamos aprender a ser tan diligentes con nuestras almas así como lo somos con nuestras finanzas, nuestros pasatiempos, nuestros hogares y nuestras carreras. Esto implica revisar y examinar nuestros pensamientos y nuestras acciones. A menudo veremos pecados que antes habíamos pasado por alto e ignorado. Habrá muchas idas a la cruz, muchas ocasiones de humilde confesión y arrepentimiento. ¡Habrá lágrimas, pero las lágrimas de arrepentimiento siempre van seguidas de alegría! Los tiempos de autoexamen serán momentos que fortalecerán nuestra determinación de abandonar los viejos caminos y seguir con firmeza a Dios. Tales momentos nos ayudarán a entender de qué manera el pecado nos ganó terreno, para que podamos desarrollar estrategias contra la tentación y contra las tácticas de Satanás en el futuro.

Los seguidores de Jesús sabios y diligentes a menudo se toman un tiempo al final de cada día para hacer un balance de la vida de ese día y de sus corazones (tal como un banquero hará un balance de los asuntos al final de un día). No solo podemos consolarnos en las victorias de ese día, sino que podemos corregir sus fallas, confesar nuestros pecados ante el trono de gracia de Dios, ser consolados en el Evangelio antes de dormir y marcar un camino mejor y más seguro para el mañana.

Podemos ver en todo esto que la vida virtuosa es un arte, y requiere decisión y acción deliberadas. Sin embargo, hacer estas cosas hará que la obra de Jesús avance enormemente en nosotros, y cada vez nos dará más victorias en la batalla por la pureza. Esto realmente no es distinto a lo que haría un atleta profesional, o un músico, o un soldado decidido a obtener la victoria.

En todo esto, ¡no olvides orar! No veremos ningún progreso sin la ayuda sobrenatural de nuestro Dios misericordioso. Y no esperes hasta haber hecho tu propio progreso antes de sentir que puedes pedirle ayuda a Dios. Empieza a clamarle ahora. Ten al menos tanta preocupación por obtener santidad como la tienes por evitar las calamidades comunes de la vida. Los pecados que parecen ganar terreno tan fácilmente en ti no se irán sin el poder de Dios. E incluso si tu vida de oración todavía deja mucho que desear, y tu corazón es débil, lo que se está moviendo allí hará que tu oración débil sea mucho más ferviente. Si Dios cuida de los pájaros que vuelan, entonces ciertamente oirá los gritos débiles de un discípulo vacilante, incluso si esos gritos no están motivados por algo más elevado que querer evitar el infierno. Más aún, tus oraciones contra el pecado en realidad fortalecerán tu propia determinación de luchar. ¡*Nuestros* corazones serán afectados a medida que clamemos a *su* corazón! Y el sentido común te dirá que estás menos propenso a aceptar un pecado en ese instante desde el cual has clamado a Dios por liberación en el último momento.

¡Amigo! ¡Corre a Jesús en el primer momento de la tentación! Nuestro enemigo te mentirá y te dirá que Jesús no te tomará cuando estás luchando, que él sólo quiere «seguidores victoriosos». Pero cuando estamos desesperados y necesitados es cuando él te quiere más. ¡Él es excelente (para nosotros) cuando nosotros somos pésimos (para él)!

> Teniendo, pues, un gran Sumo Sacerdote que trascendió los cielos, Jesús, el Hijo de Dios, retengamos nuestra fe. Porque no tenemos un Sumo Sacerdote que no pueda compadecerse de nuestras flaquezas, sino Uno que ha sido tentado en todo como nosotros, pero sin pecado. Por tanto, acerquémonos con confianza al trono de la gracia para que recibamos misericordia, y hallemos gracia para la ayuda oportuna (Hebreos 4:14-16).

La ley inevitable de la siembra y la cosecha

Amigo, nadie, ni tú, ni yo, podemos evitar la ley de la siembra y la cosecha. No puedes plantar cosas malas en tu vida y esperar cosechar cosas buenas de tu vida. Si quieres ganar Vida, *debes* plantar semillas que den vida en ti mismo. Lo que miras, lo que lees, lo que oyes, la compañía que mantienes, todas estas «semillas» producirán —sin falta— cada una según su especie ya sea Vida o Muerte. Es necedad y presunción esperar vivir descuidadamente y ser felices en Jesús. ¡Aprende a sembrar semillas de Vida si quieres cosechar Vida! Deshazte de todas las semillas malas con tanta seguridad y aspereza como un agricultor destruye las semillas nocivas.

> No se dejen engañar, de Dios nadie se burla; pues todo lo que el hombre siembre, eso también segará. Porque el que siembra para su propia carne, de la carne segará corrupción, pero el que siembra para el Espíritu, del Espíritu segará vida eterna. No nos cansemos (No desmayemos) de hacer el bien, pues a su tiempo, si no nos cansamos, segaremos (Gálatas 6:7-9).

> Por lo demás, hermanos, todo lo que es verdadero, todo lo digno, todo lo justo, todo lo puro, todo lo amable, todo lo honorable, si hay alguna virtud o algo que merece elogio, en esto mediten. Lo que también han aprendido y recibido y oído y visto en mí, esto practiquen, y el Dios de paz estará con ustedes (Filipenses 4:8-9).

El autocontrol tiene valor incluso sobre cosas lícitas

Necesitamos dominar nuestros apetitos e impulsos. Es obvio que debemos evitar el

«Necesitamos aprender a ser tan diligentes con nuestras almas así como lo somos con nuestras finanzas, nuestros pasatiempos, nuestros hogares y nuestras carreras».

«No veremos ningún progreso sin la ayuda sobrenatural de nuestro Dios misericordioso».

«No puedes plantar cosas malas en tu vida y esperar cosechar cosas buenas de tu vida».

pecado si queremos perseguir la Vida. Pero la sabiduría nos enseñará que si queremos dominar las cosas ilícitas, entonces es útil aprender a dominar *todos* los impulsos y deseos, incluyendo aquellos que no son pecaminosos. En resumen, necesitamos ser los amos de *todos* nuestros apetitos. Sólo entonces la fuerza de nuestro «yo» natural será sometida al dominio de nuestro «yo» espiritual.

> Todas las cosas me son lícitas, pero no todas son de provecho. Todas las cosas me son lícitas, pero yo no me dejaré dominar por ninguna (1 Corintios 6:12).

A veces los padres sabios someterán la voluntad de sus hijos oponiéndose a ellos incluso en asuntos aparentemente de poca importancia, de modo que cuando crezcan puedan ser entrenados en asuntos más grandes. Así que deberíamos estar entrenándonos en cosas pequeñas (es decir, hábitos alimenticios y hábitos de sueño) para poder dominar cosas más cruciales (por ejemplo, hábitos de sexualidad y dinero).

Si quieres dominar el orgullo y la vanidad, entonces aprende a no escuchar, ni solicitar ni amar las justas y merecidas alabanzas de tus compañeros por las cosas buenas que has hecho. Y cuando seas corregido por otros, aprende a aceptarlo, incluso si sientes que tienes razones para defender tu caso y mostrar que eres inocente.

Aprende a no defenderte hablando a otros en un espíritu de venganza. Niégate la satisfacción de contarles a otros que has sido maltratado por esta o aquella persona. Si queremos aprender a no pecar con nuestras palabras, entonces debemos aprender a mantener la calma y hablar poco hasta que tengamos un verdadero control sobre esa incontrolable y peligrosa lengua. «Quien mucho habla dice tonterías» (Eclesiastés 5:3 NVI).

> ... Cristo sufrió por ustedes, dejándoles ejemplo para que sigan Sus pasos, «el cual no cometió pecado, ni engaño alguno se halló en Su boca»; y quien cuando Lo ultrajaban, no respondía ultrajando. Cuando padecía, no amenazaba, sino que se encomendaba a Aquél que juzga con justicia (1 Pedro 2:21-23).

Por lo tanto, deberíamos aprender a poner una cuerda alrededor de nuestros impulsos e inclinaciones naturales, permitiéndoles acostumbrarse al «no». Al hacerlo, encontraremos que estamos sometiendo todo nuestro «yo» natural a la obediencia a un amo superior.

Necesitamos hacer todo el esfuerzo posible para desenamorarnos del mundo

Es muy fácil estar atado a las cosas de esta vida. Es cierto que Dios nos ha dado todas las cosas buenas para disfrutarlas en su justa medida. Pero es peligrosamente fácil poner demasiado de nuestro afecto y atención en las cosas que no durarán. Y es un hecho que cuanto más nos consumimos con las cosas de esta vida, más deprimido se vuelve nuestro espíritu, más lento se vuelve nuestro caminar hacia el cielo y más perezoso se vuelve nuestro corazón hacia Dios. El primer paso para liberarnos del exceso de amor a este mundo es convencernos —estar verdaderamente persuadidos— de la futilidad, la vanidad y la incapacidad de este mundo, incluso en lo mejor de él, de satisfacer el corazón. Recuerda la amarga experiencia de Salomón:

> Engrandecí mis obras, me edifiqué casas, me planté viñas; me hice jardines y huertos, y planté en ellos toda clase de árboles frutales; me hice estanques de aguas para regar el bosque con árboles en pleno crecimiento. Compré esclavos y esclavas, y tuve esclavos nacidos en casa. Tuve también ganados, vacas y ovejas, más que todos los que me precedieron en Jerusalén. Reuní también plata y oro para mí y el tesoro de los reyes y de las provincias. Me proveí de cantores y cantoras, y de los placeres de los hombres, de muchas concubinas.
> Me engrandecí y superé a todos los que me precedieron en Jerusalén; también la sabiduría permaneció conmigo. Y de todo cuanto mis ojos deseaban, nada les negué, ni privé a mi corazón de ningún placer, porque mi corazón gozaba de todo mi trabajo. Esta fue la recompensa de toda mi labor.
> Consideré luego todas las obras que mis manos habían hecho y el trabajo en que me había empeñado, y resultó que todo era vanidad y correr tras el viento, y sin provecho bajo el sol…
>
> Y aborrecí la vida, porque me era penosa la obra que se hace bajo el sol, pues todo es vanidad y correr tras el viento
> (Eclesiastés 2:4-11, 17).

Es muy fácil decir que amamos a Cristo por sobre todas las cosas, y que no estamos enamorados de este mundo y sus caminos. Tales palabras pueden salir de nuestra boca con facilidad, especialmente cuando estamos hablando con nuestros amigos cristianos. ¡Se supone que deberíamos decir eso! Pero en lo profundo, nuestros corazones tienen escasa percepción de lo que nuestra boca dice con tanta facilidad.

Podemos decir que todas las cosas de este mundo son «nada», sin embargo, ¡estas «nadas» ocupan casi todo nuestro tiempo, pensamientos, energía y talentos! Estas «nadas» —que afirmamos no estimar demasiado— disminuyen nuestro amor por Dios y lo eterno, y continuamente nos engañan para que caigamos en un pecado tras otro.

Un buen día podemos tomar algún tipo de resolución contra un placer mundano, y eliminarlo. Pero a menudo estas resoluciones son superficiales. Tan pronto como las hacemos, la cosa vana estará golpeando otra vez a nuestra puerta; si no es la puerta delantera será la trasera. Nuestros tibios cambios no impiden que mundo nos alague de alguna forma, con la esperanza de que aún le ofrezcamos nuestros afectos. Podríamos pasar por esto muchas veces, y cada circunstancia será levemente distinta, lo suficiente para hacernos pensar que esta vez será diferente. Sólo cuando tengamos un desprecio verdadero y serio por las cosas de este mundo empezaremos de una vez por todas a progresar en nuestra guerra contra el amor a ellas.

¡El alma humana es una cosa muy vigorosa! Parece tener una sed inagotable de significado y plenitud. ¡Puede ser comparada con un fuego furioso! Siempre está tratando de alcanzar algo que le traerá satisfacción y paz. ¡Pero! Si pudiera ser verdaderamente arrancada de las cosas inferiores de este mundo, con todas sus promesas encantadoras y vacías, no perdería tiempo en buscar los mayores placeres para los cuales ha sido creada. Pronto encontraría satisfacción, no en las relucientes vanidades de esta vida, sino nada menos que en Dios mismo. Solo allí el alma salvada encontraría tal belleza y dulzura que cautivaría su amor y atención para siempre.

Es simplemente imposible amar a Dios y amar al mundo al mismo tiempo. Y cuando digo «mundo» no me refiero a la puesta del sol y al canto de los pájaros. Me refiero a los valores de una cultura caída. Jesús lo dijo claramente: «Nadie puede servir a dos señores; porque o aborrecerá a uno y amará al otro, o apreciará a uno y despreciará al otro» (Mateo 6:24).

La Biblia nos dice que no amemos al mundo: «No amen al mundo ni las cosas que están en el mundo. Si alguien ama al mundo, el amor del Padre no está en él» (1 Juan 2:15). Aquí hay un claro contraste. No podemos amar a Dios y los valores de un mundo caído y rebelde.

Una vez más, esto no significa que no valoremos y apreciemos las cosas buenas que Dios ha creado y nos ha dado. Es la sobrevaloración de ellas, la idolatría de ellas, y la fascinación con las cosas lo que Dios prohíbe. Al igual que una balanza se eleva y cae cuando un lado pesa más que el otro, así también nuestros afectos hacia Dios o el mundo se elevan y caen, si uno pesa más que el otro. La Vida Verdadera languidece a medida que el amor falso florece, y la Vida Verdadera prospera cuando el amor está correctamente colocado en el Eterno.

Por lo tanto, podemos ver fácilmente que es el deber del cristiano luchar por afectos piadosos y celestiales en su corazón. Piensa en esto y podrás literalmente darte cuenta de la insensatez de un amor inferior. Convéncete —a un nivel profundo— de la inutilidad del amor a las cosas, y de su incapacidad para satisfacer el corazón. Observa el vacío de aquellos que aman mucho al mundo (recuerda a Salomón como el «Ejemplo 1»). Mira la plenitud de aquellos que han fijado sus corazones en las cosas de arriba. Considera estas cosas. Examina tu propio corazón y descubre por ti mismo cuándo has sido verdaderamente más feliz. Pondera, una y otra vez hasta que estés verdadera y completamente convencido del valor de amar y atesorar a Dios sobre todas las cosas.

En medio de tus ocupadas actividades, detente y pregúntate; no seas blando contigo en esta parte: «¿Por qué estoy haciendo esto? ¿Cuál es mi objetivo en todo esto? ¿Pueden las aguas turbias de la lujuria y la sensualidad producir pureza de gozo? ¿Puede el afecto y el aplauso de criaturas insensatas y caídas (¡como yo!) producir ese significado duradero y placentero para el cual mi corazón fue creado y el cual anhela? ¿Puede lo irracional y temporal satisfacer los anhelos de un ser racional y eterno? ¿No lo he intentado todo ya (y si no lo he intentado, ¡otros a mi alrededor ya lo hicieron!)? ¿Podrán mañana las cosas vanas de este mundo dar gozo y plenitud cuando no pudieron hacerlo ayer —y *jamás* lo han hecho?». Claro, tal vez el arco iris de hoy parece un poco más brillante que el de ayer, pero sigue siendo solo una ilusión, y al final no tiene nada más que una promesa vacía. La fascinación de hoy puede tener un giro «nuevo y mejorado» que te puede emocionar por un tiempo en una forma novedosa, pero las innumerables experiencias prueban que la fascinación será breve y el vacío será largo. ¡Qué cosa tan trágica sería la vida humana si no hubiera respuestas para nuestras necesidades profundas! ¡Qué devastador sería si no fuéramos capaces de desear nada más que placeres triviales!

> Con Cristo he sido crucificado, y ya no soy el que vive, sino que Cristo vive en mí: y la vida que ahora vivo en la carne, la vivo por la fe en el Hijo de Dios, el cual me amó y se entregó a sí mismo por mi... Pero jamás acontezca que yo me gloríe, sino en la cruz de nuestro Señor Jesucristo, por el cual el mundo ha sido crucificado para mí y yo para el mundo (Gálatas 2:20; 6:14).

Pero, amigo mío, si alguien debería conocer —por amarga que sea la experiencia— el vacío de las «cosas» y la incapacidad de este mundo para satisfacer el deseo más profundo de uno, ese eres tú. Escuchando tu historia, has tenido más que suficientes decepciones y angustias mundanas. Creo que nuestro Dios misericordioso realmente ha estado trabajando en estos tiempos difíciles para desprenderte de este mundo y atraerte hacia él. Puedo ver su mano providencial en todo lo que has pasado. Muchas de las cosas que el mundo aprecia y adora han demostrado ser nada más que fuentes de aflicción para ti, y has aprendido que ni tus riquezas ni tus habilidades naturales son suficientes para alimentar y nutrir tu alma. Has aprendido (¡y es una buena lección para aprender!) que cada rosa tiene espinas y cada calabaza tiene su gusano. Otros pueden ver tus bendiciones naturales y envidiarte. Pero el entendimiento de ellos es superficial. O bien, pueden sentir pena por ti por las pruebas que has atravesado, pero no pueden ver el profundo trabajo divino que está ocurriendo en ti.

En tu caso, si algo en tu vida ha estado desequilibrado, ha sido tu amor por tus amigos y familia. ¡Tu corazón es enorme! Pero creo que muy a menudo has puesto tus afectos en lo equivocado y te has atrevido a amar a criaturas con el amor que sólo Dios merece (y puede mantener seguro). Ahora, ay, parece que Dios ha quitado al más querido de estos ídolos de tu vida (una misericordia severa, pero necesaria), para que *tengas* que elevar tu mente y corazón hacia el cielo… a donde pertenece.

Empieza por hacer lo que Dios ordena

Una vez que hemos puesto nuestros apetitos en su lugar, restringiendo no sólo nuestros malos deseos, sino incluso ganando el dominio de nuestros deseos lícitos (al menos en parte), hay cosas positivas que podemos hacer para mover nuestro corazón hacia el amor a Dios. ¡En realidad podemos despertar la Vida Verdadera! No es alguna magia extraña, sino que comienza por *hacer lo que Dios nos ha pedido*. Cada día hay decisiones que tomar —decisiones conscientes que honren a Dios, algo que él nos ha dicho que hagamos, y que nos inclinarán hacia la Vida una vez que ellas tengan el control de nuestro corazón.

Si estamos teniendo problemas para cambiar nuestra vida interior, entonces podemos empezar con nuestra vida exterior. Sé que muchos dicen que sin el corazón, las acciones son hipócritas, pero eso no siempre es el caso. El corazón puede en realidad seguir las acciones. Puede participar una vez que las acciones estén comprometidas. En otras palabras, puede haber momentos en que cumplamos con nuestro deber, independientemente de nuestros corazones, y encontremos que el corazón sigue a la voluntad. Si no estamos encendidos con el amor a Dios, entonces no seamos simplemente pasivos y esperemos. ¡Hagamos lo que se nos manda! Podemos darle lo mejor a Dios ya sea que tengamos ganas de hacerlo o no. Podemos comenzar escuchando su Palabra, tanto predicada como cuando la leemos. Podemos alabarlo por toda su bondad para con nosotros. Podemos hablar reverentemente acerca de él. Podemos instar y alentar a otros a confiar en él y seguirlo.

«Sólo cuando tengamos un desprecio verdadero y serio por las cosas de este mundo empezaremos de una vez por todas a progresar en nuestra guerra contra el amor a ellas».

«Es simplemente imposible amar a Dios y amar al mundo al mismo tiempo».

«Es el deber del cristiano luchar por afectos piadosos y celestiales en su corazón».

«Creo que nuestro Dios misericordioso realmente ha estado trabajando en estos tiempos difíciles para desprenderte de este mundo y atraerte hacia él».

Del mismo modo, si queremos corazones compasivos por nuestro prójimo, debemos reconocer que podemos comenzar tomando todas las oportunidades de realizar actos de bondad y misericordia —sin importar los sentimientos. No pierdas la oportunidad de hacer el bien a otro, ¡y tu corazón algún día seguirá! Si encuentras dentro de ti un corazón orgulloso, practica la servidumbre y un día encontrarás dentro de ti el corazón de un siervo.

Las acciones externas pueden tener un valor al moverte hacia un corazón cálido. Es cierto que el apóstol Pablo admite que «el ejercicio físico aprovecha poco [tiene poco valor]», pero no dice que *no tenga* valor. Siempre es bueno y correcto hacer lo que podamos, sabiendo que Dios tendrá misericordia de nosotros y nos ayudará incluso con nuestros esfuerzos débiles. Y escucha esto: cuando el amor verdadero finalmente se arraigue en nuestros corazones, encontrará allí el suelo ya arado debido a los hábitos que hemos estado formando. No te preocupes por ser tachado de hipócrita por actuar antes de sentir. Tú sabes que tu objetivo no es aparentar ser mejor de lo que eres, sino convertirte realmente en la persona que tus acciones te están presentando. Tú sabes que tus acciones vienen de un sentido correcto de tu deber hacia Dios y a los demás, así que continúa, sin vacilar, ¡sabiendo que tu corazón seguirá tu voluntad!

Luego, trabaja en tu vida interior

En tanto que lo exterior guia lo interior, hay cosas específicas que podemos hacer para trabajar en nuestro corazón. Estas cosas tendrán una poderosa influencia para nuestro bien. Empieza por elevar a menudo el corazón a Dios. ¡Si no lo amamos por encima de todo lo demás, entonces comencemos por admitirlo! Admitamos que no sólo es nuestro deber, sino que finalmente seremos felices cuando lo hagamos. Lamentemos la deshonra hecha a nuestro maravilloso Dios por parte de hombres y mujeres imprudentes en todo lugar. Regocijémonos cada vez que él sea honrado y alabado, y regocijémonos de que él está siendo perfectamente alabado ahora mismo en el cielo. Resolvamos —con alegría— ofrecer continuamente nuestros corazones a él, vivir bajo su señorío y servir a su voluntad. Y si nuestros corazones obstinados se quejan, se estancan y luego se niegan, volvamos y digamos «sí» donde dijimos «no». Digamos a nuestro maravilloso Dios una y otra vez que él es bueno y bueno con nosotros, que estamos convencidos de que todos sus caminos son justos, y que realmente queremos que él haga lo que él quiera en, y a través de nosotros —¡ya sea que obedezcamos alegremente o no!

Ahora bien, si queremos ver nuestros corazones llenos de verdadero amor por los demás, incluso por todo el mundo, necesitamos desear *deliberadamente* la felicidad y la bendición de cada persona que vemos. ¡Esto es sobrenatural! Pero, si buscamos sinceramente la gracia de Dios para ser llenos de amor universal por todos, él nos la dará. Él puede darnos toda la gracia para vivir en beneficio de los demás, aliviando su miseria y deseando su plenitud.

> ... Estoy convencido precisamente de esto: que el que comenzó en ustedes la buena obra, la perfeccionará hasta el día de Cristo Jesús (Filipenses 1:6).

¡Todo esto es ejercicio para el alma! Nos estamos entrenando para la santidad y la Vida Verdadera. Cuando el Espíritu de Dios nos encuentra ejercitando nuestras propias voluntades y capacidades para amar a Dios y a la humanidad, ciertamente él subirá a bordo con su poder para mover todo nuestro esfuerzo desde lo natural a lo sobrenatural. *Él* cambiará nuestros corazones. ¡Eso es una certeza! Su maravillosa obra dentro de nosotros seguirá a nuestra resolución y esfuerzos ordinarios. Mientras entrenamos nuestras capacidades naturales, su gracia se moverá en nosotros hasta que encontremos nuevos hábitos de amor formados en nuestro interior, fluyendo de nosotros con una libertad y facilidad nunca antes vista.

> Y a Aquél que es poderoso para guardarlos a ustedes sin caída y para presentarlos sin mancha en presencia de Su gloria con gran alegría, al único Dios nuestro Salvador, por medio de Jesucristo nuestro Señor, sea gloria, majestad, dominio y autoridad, antes de todo tiempo, y ahora y por todos los siglos. Amén (Judas 24-25).

Pensar en la Vida Verdadera desarrolla la Vida Verdadera

Quiero presentar otros dos medios para desarrollar la transformación en el corazón. En primer lugar, hay un gran valor en *pensar* grandes pensamientos sobre la Vida Verdadera. Abrir tu Biblia, elevar tu corazón al cielo, y pensar en cosas más allá de lo trivial le hará a tu alma un inmenso bien. La mayoría de nosotros pensamos poco o nada en las cosas de arriba. Nuestras mentes se consumen con lo temporal y lo visible. Cuando levantamos nuestra mente apenas un poco, nuestros pensamientos son a menudo necios y falsos —más en relación con la cultura a nuestro alrededor que con la Verdad.

> Ya que han resucitado con Cristo, busquen las cosas de arriba, donde está Cristo sentado a la derecha de Dios. Concentren su atención en las cosas de arriba, no en las de la tierra (Colosenses 3:1-2).

Podemos ser muy perezosos con respecto a las cosas espirituales, despreocupados por la veracidad de lo que pensamos y hablamos. No estamos dispuestos a luchar por la Verdad y batallar contra las nociones necias de la cultura que nos rodea. Muchos a nuestro alrededor se hacen llamar «cristianos», pero claramente no están dispuestos a pensar en las implicaciones de Cristo en sus vidas. ¡El pensamiento superficial produce una vida superficial!

Tales pensamientos bajos, sin vida y paralizantes no son capaces de mover la mano o el corazón. Haz el trabajo arduo de *pensar* hasta que *sientas* y te *conmuevas*. «Guarda silencio ante el Señor, y espera en él con paciencia» (Salmo 37:7).

Reflexiona y ora y considera hasta que estés plenamente convencido de la Verdad con respecto a las cosas que *importan*. Nos alejamos de la meditación significativa demasiado rápido y volvemos a trivialidades que nos hacen perder el tiempo. Permanece.

Piensa. Reflexiona. Ora. Deja que la Verdad te afecte profundamente. Impulsa tu alma hacia adelante y mantenla ante el eterno mundo invisible hasta que perciba claramente que las cosas que vemos son sueños pasajeros y las cosas que no podemos ver son sólidas.

> Al no poner nuestra vista en las cosas que se ven, sino en las que no se ven. Porque las cosas que se ven son temporales, pero las que no se ven son eternas (2 Corintios 4:18).

Hay maneras de ayudarnos a elevar nuestro corazón de lo mundano y lo trivial hacia lo celestial y significativo. En primer lugar, aprende a pensar desde lo visible a lo invisible y de lo temporal a lo duradero. Cuando vemos la maravilla y la belleza de este mundo presente y contemplamos su orden y armonía, podemos elevar nuestro corazón por encima y más allá de la creación hasta el Creador. Consideremos la naturaleza, la sabiduría y la bondad de Aquel que no podemos ver que hizo las maravillas que podemos ver.

Entonces, considerémonos a nosotros mismos. Claramente somos más que meras máquinas, átomos y sustancias químicas. Necesitamos elevar nuestros pensamientos a las maravillas de Dios así como consideramos las maravillas del hombre. Actualmente somos perezosos, estamos estancados y estropeados, pero todavía podemos detectar la Imagen divina dentro de nosotros. ¡Hay signos de Vida! Por lo tanto, tenemos que anticipar con alegría un día mejor cuando estos cuerpos serán transformados, seremos liberados y estaremos con el Señor en un estado de gloria que actualmente supera la imaginación.

> [Jesús] transformará el cuerpo de nuestro estado de humillación en con-

«Si no estamos encendidos con el amor a Dios, entonces no seamos simplemente pasivos y esperemos».

«Si buscamos sinceramente la gracia de Dios para ser llenos de amor universal por todos, él nos la dará».

«¡El pensamiento superficial produce una vida superficial!».

formidad al cuerpo de Su gloria, por el ejercicio del poder que tiene aun para sujetar todas las cosas a él mismo (Filipenses 3:21).

Padre, quiero que los que Me has dado, estén también conmigo donde Yo estoy, para que vean Mi gloria, la gloria que Me has dado; porque Me has amado desde antes de la fundación del mundo (Juan 17:24).

Luego, cuando veamos el quebranto y la tragedia de este mundo pecaminoso, cuando estemos tristes por la maldad y la necedad de nuestra raza, podemos —y debemos— elevar nuestros pensamientos y corazones a un lugar donde no habrá más quebrantamiento por el pecado. Viene un mundo cuyos habitantes vivirán en alegría inagotable en la misma presencia de Aquel a quien aman. Allí, sin ningún obstáculo, podremos florecer en todas las formas que Dios pretendió en un principio. Vivir cimentados en este hecho futuro nos permitirá llevar vidas transformadas hoy.

Entonces oí una gran voz que decía desde el trono: «El tabernáculo de Dios está entre los hombres, y El habitará entre ellos y ellos serán Su pueblo, y Dios mismo estará entre ellos. El enjugará toda lágrima de sus ojos, y ya no habrá muerte, ni habrá más duelo, ni clamor, ni dolor, porque las primeras cosas han pasado» (Apocalipsis 21:3-4).

Por último, consideremos siempre a Jesús. ¿Por qué vino del cielo a la tierra? ¿No vino a llevarnos de la tierra al cielo? ¿Por qué soportó la muerte? ¿No fue para librarnos de la muerte a la Vida? ¿Por qué conoció nuestro dolor? ¿No fue para traernos su gozo? Nuestro Señor Jesús ha abierto el Reino de los Cielos para nosotros y para todos los creyentes, y ahora mismo está sentado a la diestra de la Majestad en lo alto (cf. Hebreos 1:3). Allí recibe nuestras oraciones, intercede por nosotros ante su Padre, y nos concede gracia y ayuda en nuestros peores y más necesitados momentos. Desde el cielo está derramando su Santo Espíritu sobre nosotros para fortalecernos y alentarnos. Ciertamente, considerar las maravillas de Jesús debería mover nuestros corazones de las cosas inferiores a las superiores.

Si ustedes, pues, han resucitado con Cristo, busquen las cosas de arriba, donde está Cristo sentado a la diestra de Dios. Pongan la mira (la mente) en las cosas de arriba, no en las de la tierra. Porque ustedes han muerto, y su vida está escondida con Cristo en Dios. Cuando Cristo, nuestra vida, sea manifestado, entonces ustedes también serán manifestados con Él en gloria (Colosenses 3:1-4).

Considerar el corazón de Dios hará nacer su amor en nuestros corazones

Tomar un tiempo intencional y dedicado para meditar en las cosas que se mencionan arriba y otras verdades es la manera de ver que la fe viva (lo opuesto a la religión muerta) nazca en nuestros corazones. Y la Vida Verdadera está arraigada en la fe viva.

Por lo tanto, quiero ofrecerte algunos detalles específicos para la meditación... cosas en las que *pensar* en relación con Dios y sus caminos. Es cuando abrimos nuestra Biblia y descubrimos los caminos de Dios y luego meditamos en ellos con un corazón ferviente que nuestra vida interior es cada vez más transformada.

> Pero todos nosotros, con el rostro descubierto, contemplando como en un espejo la gloria del Señor, estamos siendo transformados en la misma imagen de gloria en gloria, como por el Señor, el Espíritu (2 Corintios 3:18).

En primer lugar, dedica tiempo para reflexionar sobre la maravillosa naturaleza de Dios. Con la Biblia abierta, estudia cómo es Dios. Dios es quien se revela a sí mismo en la Biblia. Dios es quien se revela a sí mismo en Jesucristo. No podemos saber *todo* acerca de Dios, pero eso no significa que no podamos saber *muchas cosas* acerca de Dios. Y podemos saber lo suficiente como para conmover nuestros corazones. Somos más que sólo criaturas de cinco sentidos. La reflexión sobre la naturaleza de Dios irá más allá de lo que vemos y nos afectará en lo más profundo.

Simplemente toma las cosas en un nivel humano. Has oído hablar y te has familiarizado en cierta medida con algunas personas magníficas y maravillosas. No es una fotografía de ellos lo que te mueve, porque tu admiración va mucho más allá de la simple imagen de ellos que tus ojos pueden percibir. No, es la memoria de su carácter, su disposición, su sabiduría, o su grandeza de mente que mueve tu corazón por ellos. Has ido adonde los meros sentidos no pueden llevarte. Ahora bien, si tal amor puede crecer en tu corazón en lo que concierne a los seres humanos, ciertamente puede crecer en tu corazón en lo que a Dios concierne... si simplemente contemplaras las maravillas de Dios y su naturaleza revelada en la Biblia y a tu alrededor.

Dios en sus maravillas es infinitamente más capaz de apasionar nuestros corazones que cualquier criatura, si sólo tomáramos el tiempo para dejar que lo haga. Su sabiduría y su bondad se pueden ver por todas partes. Su poder y su cuidado providencial sostienen el universo mismo (cf. Colosenses 1:17). La persona más grandiosa no es sino el más débil reflejo de Dios en su perfección. Si una persona puede movernos a la admiración, ¿cuánto más lo haría Dios?

> Antes que los montes fueran engendrados,
> y nacieran la tierra y el mundo,
> desde la eternidad y hasta la eternidad, Tú eres Dios
> (Salmos 90:2).

> Los cielos proclaman la gloria de Dios,
> y el firmamento anuncia la obra de Sus manos
> (Salmos 19:1).

Porque en Él fueron creadas todas las cosas, tanto en los cielos como en la tierra, visibles e invisibles; ya sean tronos o dominios o poderes o autoridades; todo ha sido creado por medio de Él y para Él. Y Él es (ha existido) antes de todas las cosas, y en Él todas las cosas permanecen (Colosenses 1:16-17).

¿Es correcto que apreciemos mucho las imágenes fragmentadas e imperfectas de Dios y Su gloria y tan poco a Dios mismo? Amamos a los caídos y quebrantados, pero bostezamos ante el Perfecto y Maravilloso. Nos fijamos en la impresión imperfecta e ignoramos el retrato original. Míralo de esta manera: todo lo que encontramos hermoso y digno de alabanza en un ser humano o en este mundo no debe cautivarnos sino liberarnos: debe servir para elevar nuestra mirada y nuestros afectos hacia el cielo. Piensa: si una *gota* es tan dulce, ¿qué tan satisfactoria debe ser la fuente? Si hay tanto de qué maravillarnos en un simple rayo de luz, ¿cómo será el sol entero?

Recuerda, Dios no está lejos. No permitas la débil excusa de que Dios está lejano, y por lo tanto no puedes ni necesitas buscarlo. «...Esto lo hizo Dios para que todos lo busquen y, aunque sea a tientas, lo encuentren. En verdad, Él no está lejos de ninguno de nosotros, "puesto que en Él vivimos, nos movemos y existimos". Como algunos de sus propios poetas griegos han dicho: "De Él somos descendientes"» (Hechos 17:27-28). De hecho, no podemos abrir nuestros ojos y mirar a ninguna parte sin ver evidencias de él. ¡Él está a nuestro alrededor! Si nos volvemos a su camino, encontraremos un Dios dispuesto y deseoso, presto a comprometerse, abrazar y disfrutar de una amistad verdadera y significativa con nosotros... de la cual todas las amistades terrenales son sólo un anticipo. Dios, el Rey, habla de nosotros:

> Has cautivado mi corazón, hermana mía, esposa mía;
> Has cautivado mi corazón con una sola mirada de tus ojos,

«Hay un mundo viniendo cuyos habitantes vivirán en alegría inacabable en la misma presencia de Aquel a quien aman».

«Ciertamente, considerar las maravillas de Jesús debería mover nuestros corazones de las cosas inferiores a las superiores».

«No podemos saber todo acerca de Dios, pero eso no significa que no podamos saber muchas cosas acerca de Dios».

«Todo lo que encontramos hermoso y digno de alabanza en un ser humano o en este mundo no debe cautivarnos sino liberarnos: debe servir para elevar nuestra mirada y nuestros afectos hacia el cielo».

> Con una sola hebra de tu collar
> (Cantares 4:9).

¡*Él* nos ama a *nosotros* con el afecto de un novio por su novia!

Por lo tanto, puesto que Dios está dispuesto y listo, levantemos nuestras esperanzas y nuestros pensamientos hacia él. Efectivamente podemos comprender claramente quién es él, porque es un Dios que se ha revelado a sí mismo primero en la naturaleza, luego en su Palabra, y final y maravillosamente en Jesucristo. Es al mirar a Jesús (no al Jesús que inventamos, sino al Jesús de los Evangelios) que vemos cómo es Dios. *Dios es como Jesús*. Consideremos, pues, contemplar a Cristo. «Él es el resplandor de Su gloria y la expresión (representación) exacta de Su naturaleza...» (Hebreos 1:3). «Porque toda la plenitud de la Deidad reside corporalmente en Él...» (Colosenses 2:9). Dios ha sido verdadera, suficiente e intencionalmente revelado en Jesucristo.

Por lo tanto, ¡preséntate a Jesús a ti mismo! Abre tu Biblia (que es un libro acerca de Jesús) y descúbrelo. Tómate el tiempo y contempla su gloria. Lee los Evangelios y deja que tu alma se deleite con él. Allí verás —a pesar de estar vestido en humanidad— las maravillas de Dios y su naturaleza. Allí podemos descubrir a Dios en maneras que la naturaleza no puede mostrarnos. Estúdialo. Contémplalo. Considéralo. No en tu imaginación, sino en el Libro sagrado. Y mientras lo haces, el fuego comenzará a arder.

> Ardía mi corazón dentro de mí;
> mientras meditaba, se encendió el fuego;
> (Salmos 39:3).

> El Verbo (La Palabra) se hizo carne, y habitó entre nosotros, y vimos Su gloria, gloria como del unigénito (único) del Padre, lleno de gracia y de verdad (Juan 1:14).

Debemos meditar especialmente en el increíble amor de Jesús por nosotros

Cuando pensamos en la naturaleza y en los caminos de Dios, no hay mejor estimulante para el corazón que realmente considerar el amor con el que Dios nos ha abrazado en Jesucristo. ¡Nada emociona más al corazón que descubrir que alguien te ama! Incluso si una persona que de otra manera sería desagradable y poco amable te muestra un acto de amor y bondad, te sientes atraído hacia ella. ¿Cuánto más, entonces, saber que Aquel que es el Amor mismo, que es toda Bondad y Belleza, te ama a *ti* con un amor eterno? La Majestad eterna del cielo tiene un afecto bondadoso hacia nosotros y lo ha demostrado en una cruz. Tómate el tiempo y permite que este maravilloso hecho venza tu espíritu, derrita tu corazón y lo encienda.

La Biblia rebosa con expresiones del amor de Dios por ti, por mí y por toda la humanidad. Y junto a la Biblia tenemos la prueba del amor de Dios por nosotros manifestada a nuestro alrededor. Él nos dio nuestra vida, y la preserva en su misericordia a cada momento. Él nos ha colocado en un mundo maravilloso, rico de infinitas maneras y superabundante en su belleza y su provisión. ¡Cuánta gracia! Él hace llover la bondad sobre el bueno y el malo, y provee tan abundantemente para nuestras necesidades que mientras estamos juntando la abundancia de estos años, él está preparando el mundo para los próximos años. Luego añade dulzura a nuestras vidas con amistades y alegrías terrenales mucho más allá de lo que merecemos y nos da una comodidad terrenal tras otra. ¡Todo esto para los pecadores! Él nunca nos quita su mirada vigilante. Incluso cuando dormimos, está atento a nosotros aunque nosotros nos olvidemos de Él.

> No permitirá que tu pie resbale;
> No se adormecerá el que te guarda.
> Jamás se adormecerá ni dormirá
> El que guarda a Israel.
> El Señor es tu guardador;
> El Señor es tu sombra a tu mano derecha
> (Salmos 121:3-5).

Ahora puedo oír la acusación del escéptico: «Es una cosa fácil e indolora que Dios manifieste su amor de todas estas maneras. ¿Qué le cuesta enviar la lluvia, el sol y el consuelo a sus criaturas?». Bueno, él no sólo nos ha amado de esta manera, sino que, más maravillosamente, nos ha amado en el sufrimiento. Y puesto que en su naturaleza divina él no podía sufrir, asumió nuestra naturaleza, y como Jesús, el Hombre que es Dios, nos ha amado con sufrimientos inimaginables. El eterno Hijo de Dios, que durante toda la eternidad no conoció nada más que el gozo inconmovible del cielo, se despojó de sí mismo y tomó la debilidad humana. Él vino a un pueblo que lo rechazó. Vivió entre un pueblo rebelde, y murió como un sacrificio y un ofrenda de expiación por ellos.

> Fue despreciado y desechado de los hombres,

> Varón de dolores y experimentado en aflicción;
> Y como uno de quien los hombres esconden el rostro,
> Fue despreciado, y no Lo estimamos
> (Isaías 53:3).

> Porque mientras aún éramos débiles, a su tiempo Cristo murió por los impíos. Porque difícilmente habrá alguien que muera por un justo, aunque tal vez alguno se atreva a morir por el bueno. Pero Dios demuestra su amor para con nosotros, en que siendo aún pecadores, Cristo murió por nosotros (Romanos 5:6-8).

Había una vez un poeta que expresó maravillosamente el amor de Dios, pues este venció su propio corazón, de esta manera: él había resistido por mucho tiempo los acercamientos de Dios hacia él. Parecía como si Dios hubiera disparado todas las flechas de su amor a su corazón, pero ninguna había penetrado, hasta que Dios se puso a sí mismo (en la persona de su Hijo, Jesús) en el arco y se lanzó directamente a su corazón. ¡Esto explica el amor de Dios por nosotros! Él se ha acercado, se ha manifestado y ha hablado de su amor, pero cuando todo lo demás fue insuficiente, finalmente habló con más claridad y demostró su amor cuando hizo un regalo de Sí mismo para nosotros.

> Dios, habiendo hablado hace mucho tiempo, en muchas ocasiones y de muchas maneras a los padres por los profetas, en estos últimos días nos ha hablado por Su Hijo, a quien constituyó heredero de todas las cosas, por medio de quien hizo también el universo. Él es el resplandor de Su gloria y la expresión (representación) exacta de Su naturaleza, y sostiene todas las cosas por la palabra de Su poder. Después de llevar a cabo la purificación de los pecados, el Hijo se sentó a la diestra de la Majestad en las alturas (Hebreos 1:1-3).

Los Evangelios muestran la increíble historia del Amor de Jesús por este mundo perdido. Su condescendencia, su vida de sufrimiento, su pobreza, su amor por los no amados, su paciencia con sus discípulos, su muerte por los pecadores; todo esto es evidencia innegable de su amor por nosotros. ¡Pero la Cruz! ¿Puede haber mayor prueba del amor de Dios por los pecadores? ¿Puede haber mayor prueba del amor de Dios por *ti*? Necesitamos *meditar* en esto: «...que arraigados y cimentados en amor, ustedes sean capaces de comprender con todos los santos cuál es la anchura, la longitud, la altura y la profundidad, y de conocer el amor de Cristo que sobrepasa el conocimiento, para que sean llenos hasta la medida de toda la plenitud de Dios» (Efesios 3:17-19).

> Porque de tal manera amó Dios al mundo, que dio a Su Hijo unigénito (único), para que todo aquél que cree en Él, no se pierda, sino que tenga vida eterna. Porque Dios no envió a Su Hijo al mundo para juzgar al mundo, sino para que el mundo sea salvo por Él (Juan 3:16-17).

A la luz del maravilloso Amor de Dios probado por Jesús en la cruz, a menudo debemos detenernos y pensar en la infinita paciencia de Dios para con nosotros, que hemos sido tan lentos para arrepentirnos, tan enamorados de nuestros pecados y necedades. Dios ha derramado bondad y misericordia sobre nosotros mientras luchábamos contra él una y otra vez. Él ha batallado amor con nuestra terquedad (cuando nos podría haber rechazado) usando interminables métodos para recuperarnos cuando no queríamos ser recuperados. ¡Qué gran amor!

Le haría un bien inconmensurable a nuestro corazón anotar las bendiciones que Dios nos ha concedido. Veríamos entonces claramente que las cosas no son sólo sucesos «casuales», sino las distintas huellas de la mano de nuestro misericordioso Dios sobre nosotros. Veríamos claramente las respuestas a nuestras oraciones específicas. Y, al ver la abundante bondad de Dios en nuestras vidas, no nos atreveremos ni por un instante a pensar que Dios está siendo manipulador al derramar su bondad sobre nosotros solamente para aumentar su argumento contra nosotros para condenarnos más tarde. ¡No! ¡Dios no es astuto ni suspicaz como nosotros! Su amor por nosotros es puro y sin ninguna mala intención. Él sólo desea nuestro arrepentimiento y corazones agradecidos. Dios no desea que ninguna de sus criaturas perezca (2 Pedro 3:9). Si abusamos de su generosidad y nos sumergimos en una mayor culpa, esa es una acción nuestra, no su propósito.

Una vez que estas consideraciones nos lleven a un afecto más profundo por Dios, todas las otras ramas de la Vida Verdadera crecerán y prosperarán, por descontado.

Para tener amor por los demás en nuestro corazón, debemos recordar que todas las personas poseen la imagen divina

Encontraremos que el amor por los demás crece en nuestro corazón cuando recordemos y consideremos el hecho de que *todas* las personas están selladas con la imagen de Dios y están tan cerca de él como lo estamos nosotros mismos. Así como nosotros, ellos no sólo son sus criaturas, «asombrosa y maravillosamente [hechas]» (Salmo 139:14), sino que, como nosotros, son receptores de su especial cuidado. Para ellos también Dios tiene un propósito eterno para bien, planeado desde la fundación del mundo y que se extiende hasta la eternidad. Piensa en la persona más miserable y ofensiva que conozcas. Él es tan amado por Dios como tú. También es la descendencia del cielo. No importa lo indigno que pueda presentarse, merece nuestro cálido abrazo y nuestro verdadero afecto con la misma certeza que cualquier amigo noble y correcto.

Piensa en cómo consideras a alguien que está estrechamente relacionado con alguien a quien amas. El amor que tienes por tu amigo cae como cascada sobre los que están relacionados con él. Todos nosotros con mucha alegría tomamos cualquier ocasión para bendecir al hijo de un amigo. Lo hacemos en gran parte porque sabemos que bendeciremos al amigo cuando bendecimos a su hijo. Sin duda, si consideramos simplemente la cercanía de todas las personas al Dios que nos ama, las trataríamos de maneras que bendigan al Dios que afirmamos amar. El amor, naturalmente, brota de nuestros corazones por los demás. Nos hará bien reflexionar sobre el hecho de que cada alma, *cada* alma, es más estimada por Dios que todo el universo, y que él no escatimó ni a su propio Hijo para asegurar su redención del pecado.

Amigo mío, a riesgo de ser repetitivo, incluso las personas en su condición caída llevan la imagen de Dios, aunque estropeada (ver Génesis 6:9). Esto debería motivarnos a amarlos. ¡Imagina! La misma imagen de Aquel que nos amó primero está grabada en todas las personas con las que nos encontramos. Si no podemos amarlos por sí mismos, ciertamente podemos amarlos por él. En algunos, esa imagen es comparativamente fácil de ver; en otros está tan oscurecida por el pecado que es difícil de encontrar, pero aún así no ha sido borrada.

Cada persona que conocemos es un alma racional e inmortal. Cada persona es capaz de pensar de manera maravillosa, de crear cosas increíbles, y, por gracia, de vivir una vida que glorifique a Dios. Puede ser que el pecado la tenga en servidumbre por ahora, y sus facultades estén estropeadas y reducidas. Pero esto debe mover nuestra compasión, no extinguir nuestro amor. Cuando vemos a alguien terriblemente distorsionado y capturado por el pecado, consumido por el mal y la necedad, admitimos que es difícil amar a esa persona. Pero, precisamente entonces, debemos recordar que esta alma retorcida es realmente capaz del más alto pensamiento, sabiduría y bondad. Sólo una gota de la gracia de Dios es suficiente para transformar a un desgraciado en una criatura tan noble como el mayor de los santos. Esa persona —ahora tan distorsionada por el pecado— puede por la gracia ser un compañero adecuado para los ángeles del Cielo. De hecho, ¡ese es el caso de muchos a lo largo de la historia! Recordar esto puede y debe convertir nuestra disposición hacia él de amarga a dulce, del desdén a la compasión. Si vieras un cuerpo hermoso arruinado por alguna tragedia física,

«Él es un Dios que se ha revelado a sí mismo primero en la naturaleza, luego en Su Palabra, y final y maravillosamente en Jesucristo».

«No hay mejor estimulante para el corazón que realmente considerar el amor con el que Dios nos ha abrazado en Jesucristo».

«Los Evangelios muestran la increíble historia del Amor de Jesús por este mundo perdido».

«La misma imagen de Aquel que nos amó primero está grabada en todas las personas con las que nos encontramos».

no lo juzgarías, sino que serías movido a compasión y a la acción a su favor. Por mucho que podamos y debamos odiar sus crímenes y sus pecados, debemos tener compasión y amarlo. La regla suprema del amor nos es dada por el mismo Jesús: «Este es Mi mandamiento: que se amen los unos a los otros, así como Yo los he amado» (Juan 15:12).

La dignidad de nuestra naturaleza debe inspirarnos a amar la pureza

La forma en que nos vemos a nosotros mismos, como personas hechas a imagen de Dios, es vital para las decisiones de vida que tomamos. Si nos vemos meramente como «animales», incluso animales «superiores», viviremos para alimentar nuestra naturaleza inferior. Vamos a hacer morir de hambre nuestra alma. Si malinterpretamos nuestra naturaleza, nos hundiremos en el amor por los placeres sensuales y la autosatisfacción. Si somos animales, ¿por qué no comportarnos como animales? Pero *no* somos animales. Somos el pináculo de la creación de Dios, hecha a imagen de Dios. Y, si amamos nuestra alma, y tratamos de purificarla y separarla de este mundo, ¡necesitamos saber qué y quiénes somos! Por todo nuestro pecado y nuestra caída, necesitamos conocer y regocijarnos en la dignidad y la excelencia de nuestra naturaleza. ¡De lo contrario, alimentaremos a la bestia y haremos morir de hambre al cristiano!

Si sabemos y consideramos quiénes somos, y el gran propósito por el cual hemos sido creados —para conocer, disfrutar y glorificar a Dios— entonces (de una manera correcta) tendremos temor de nosotros mismos. Entender que somos portadores de la Imagen divina producirá al mismo tiempo una santa reverencia por nosotros mismos y por todos los demás, y una sana modestia hacia nosotros mismos y hacia los demás. Nos hará tener cautela y un agradecimiento en el uso de las cosas buenas que Dios nos ha dado para disfrutarlas, y un odio a las cosas que Dios prohíbe, porque enfermarán nuestra alma.

Aprende a pensar en el cielo

Si podemos aprender a considerar el cielo, encontraremos nuestro corazón motivado, cálido y desprendidos de la mundanalidad. Si aprendemos a hacer esto todos los días, presentando a nuestras mentes las descripciones bíblicas de los placeres eternos del cielo, encontraremos un poder transformador para la piedad; un poder que nos permite derrotar el pecado.

Amados, ahora somos hijos de Dios y aún no se ha manifestado lo que habremos de ser. Pero sabemos que cuando Cristo se manifieste, seremos semejantes a Él, porque Lo veremos como Él es. Y todo el que tiene esta esperanza puesta en Él, se purifica, así como El es puro (1 Juan 3:2-3).

Viviremos como «extranjeros y peregrinos (expatriados)» (Hebreos 11:13) aquí si pensamos a menudo en nuestro verdadero y definitivo hogar. Encontraremos poder para vencer la seducción de nuestra propia lujuria y las tentaciones del mundo. Encontraremos que las cadenas son más fáciles de romper cuando nuestra cabeza se eleve y nuestra esperanza esté fija en lo alto. Nos alegraremos de ser echados de este mundo cuando nuestra alegría esté fija en el próximo.

Es vital que veamos el cielo de manera correcta. No estamos hablando del paraíso sensual del Islam. Tampoco debemos usar la Biblia de alguna manera vulgar, abusando de sus imágenes para presentar un paraíso que sea un mero banquete para los sentidos (¡aunque nuestros sentidos ciertamente serán avivados allí!). El cielo es el cielo porque Dios —Padre, Hijo y Espíritu— está allí.

¡En consecuencia! Cuando comenzamos a ver el cielo como la morada de Dios, y nuestra invitación es estar con él para siempre, «contemplando Su gloria» (Juan 17:24), entonces podemos seguir adelante y llenar nuestra mente con todo buen pensamiento de nuestra bendición futura. Y, cuando lo hacemos, ¡qué pequeñas e indeseables se vuelven las cosas que actualmente nos cautivan! El pecado se volverá despreciable a nuestros ojos: «¡Cómo se atreve este placer momentáneo a amenazarme con quitarme la alegría eterna!». Con fuerza podemos reprender esos placeres groseros y turbios que están tratando de robarnos la Vida Verdadera y la felicidad eterna, y dejarnos descalificados para el gran propósito de Dios para nosotros.

Por la fe Moisés, cuando ya era grande, rehusó ser llamado hijo de la hija de Faraón, escogiendo más bien ser maltratado con el pueblo de Dios, que gozar de los placeres temporales del pecado. Consideró como mayores riquezas el oprobio de Cristo (el Mesías) que los tesoros de Egipto, porque tenía la mirada puesta en la recompensa. Por la fe Moisés salió de Egipto sin temer la ira del rey, porque se mantuvo firme como viendo al Invisible (Hebreos 11:24-27).

La conciencia de nuestras faltas ayuda a que la humildad crezca en nosotros

Muchos —si no la mayoría— de nosotros pasamos por periodos en los que abrigamos una percepción vanidosa y orgullosa de nosotros mismos. Estas etapas pueden durar unos momentos... quizás en medio de una discusión... o bien años. Pero aquí es donde nuestros propios fracasos y pecados pueden en realidad ayudarnos. Nuestra necedad, cuando es enfrentada y admitida, en realidad puede ser usada para derribar nuestros muros de orgullo y presunción.

Cuando la gente nos estima, la mayoría de las veces no es porque vean alguna pequeña virtud en nosotros, sino porque no ven la gran maldad en nosotros. Ellos ven algo bueno, pero ignoran mucho que es malo. Si nos conocieran más a fondo cambiarían rápidamente su opinión sobre nosotros.

Los pensamientos y las motivaciones de nuestro corazón *en nuestros mejores días*, si son presentados ante todo el mundo para que los vean, nos harían parecer todo menos santos y llenos de virtud. Las personas se disgustarían con nosotros, nos rechazarían o nos creerían ridículos. Ahora, puedes ocultarte de los demás, al menos en cierta medida, pero si te evalúas honestamente, verás las partes malas que otros pasan por alto. El verlas expondrá tu vanidad. Los hombres y las mujeres piadosos de todo el mundo nos dirán que están mucho más conscientes de sus propios pecados que de los de otros. Ellos conocen bien sus propios corazones, y se consideran los peores de los pecadores.

> Palabra fiel y digna de ser aceptada por todos: Cristo Jesús vino al mundo para salvar a los pecadores, entre los cuales yo soy el primero (1 Timoteo 1:15).

Las personas piadosas se preocupan mucho más por la viga en su propio ojo, que por la paja en el ojo de su hermano. Y, teniendo esta conciencia de uno mismo, ese conocimiento promueve la humildad de corazón y de conducta.

Pensar correctamente sobre Dios nos lleva a pensar correctamente sobre nosotros mismos

Si bien considerar nuestras propias flaquezas ciertamente puede ayudarnos en nuestra humildad, todavía hay una mejor manera de hacer crecer una naturaleza humilde: considerando la grandeza de Dios. Sí, tenemos que tener conciencia, e incluso a veces entristecernos, por nuestras propias faltas. Pero una profunda y tranquila contemplación de la bondad y la belleza de Dios hará más para producir la verdadera humildad en nosotros. Nuestras imperfecciones nunca parecen tan obvias como cuando están expuestas en su perfecta luz. Cuando nos miramos a nosotros mismos desde su perspectiva, vemos nuestra pequeñez. Entonces vemos

«Si malinterpretamos nuestra naturaleza,
nos hundiremos en el amor por los placeres
sensuales y la autosatisfacción».

«El Cielo es el Cielo porque Dios
—Padre, Hijo y Espíritu— está allí».

«Cuando la gente nos estima, la mayoría de las veces
no es porque ven alguna pequeña virtud en nosotros,
sino porque no ven la gran maldad en nosotros».

«Las personas piadosas se preocupan mucho más
por la viga en su propio ojo, que por la paja
en el ojo de su hermano».

claramente que nos hemos estado midiendo a nosotros mismos por el falso estándar de los hombres en lugar del estándar correcto de Dios. La humildad que nace de una visión de nuestra pecaminosidad puede ser más o menos turbulenta, ya que puede mezclarse extrañamente con la autojustificación («¡Me avergüenzo de mí mismo!»); pero la humildad que nace del conocimiento de la naturaleza de Dios nos deja verdaderamente bajos, sin espacio ni para una gota de uno mismo, y en realidad trae una profunda paz a nuestros corazones.

La importancia y el valor de la oración para la Vida Verdadera

Todavía hay otro medio para desarrollar la vida interior: la oración regular y ferviente.

Dios nos ha prometido su Espíritu Santo. Y, por la obra expiatoria de Jesús, ha abierto un camino expedito al trono de la gr,acia. ¡Podemos orar! ¡No estoy seguro si entendemos la maravilla de esto! ¡Nosotros, meras criaturas de polvo, pero lo que es más, portadores de la mismísima Imagen de Dios —caídos, luego redimidos por la sangre de Jesús— podemos acercarnos al Santo, Santo, Santo Dios del universo! Cuando oramos, nos abrimos a las influencias del cielo. Es entonces cuando el Señor, el «sol de justicia» (cf. Malaquías 4:2) puede visitarnos con los rayos más directos de su amor. Es entonces cuando él puede disipar nuestras tinieblas y hacer su obra más profunda en nuestra alma.

Hay muchos libros escritos acerca de la oración. No necesito escribir uno aquí. Basta con decir que hay diferentes tipos de oración. Primero está la oración vocal. Hablamos en palabras. Obviamente esto es lo que hacemos cuando oramos en público o con otros, y a veces es útil orar en voz alta en privado.

Luego, está la oración donde no hacemos ningún sonido. Nos estamos comunicando con el Señor en silencio y en secreto, en nuestra mente y en nuestros pensamientos.

Pero, ah... hay una tercera y más maravillosa clase de oración. En esta el alma vuela más alto. Esta toma mucho tiempo para meditar en los problemas, en la Verdad, en la naturaleza de Dios y en la situación del hombre, y como resultado, se enciende como un cohete —lleno de propósito, dirección y calor— hasta el mismo trono de la gracia. Aquí hay suspiros y gemidos más allá de las palabras, más allá de las capacidades de cualquier expresión humana. Después de un tiempo de profunda y significativa contemplación de la naturaleza y de los atributos de Dios, como se ve en todas sus maravillosas obras en la naturaleza y en el Evangelio, el corazón se derrama a sí mismo en su Dios en la más profunda admiración y adoración. Después de un tiempo de quebrantamiento por el pecado, y una conciencia entristecida por su vileza y corrupción, el corazón cae ante su Dios Santo, sin atreverse a hablar ni una palabra ni levantar la mirada al cielo. Está desesperadamente consciente de su necesidad urgente de gracia. Habiendo meditado en la verdadera belleza de la santidad y la felicidad de aquellos que han buscado intensamente a Dios y han desechado el pecado, el corazón tiene sed solo de Dios y ora con tal deseo que no encuentra palabras; no sólo por un momento sino por todo un periodo ya que se encuentra sostenido por el poder de su propio deseo profundo.

Este tipo de «oración profunda del alma» es quizás más que cualquier otra cosa la más poderosa purificación del alma. Parece ir más allá de las palabras y se relaciona directamente con el Espíritu de Dios: «De la misma manera, también el Espíritu nos ayuda en nuestra debilidad. No sabemos orar como debiéramos, pero el Espíritu mismo intercede por nosotros con gemidos indecibles» (Romanos 8:26). Orar de esta manera es uno de los medios más poderosos para obtener la Vida Verdadera y una de las armas más efectivas en el arsenal cristiano.

(Sólo una advertencia: ¡una oración profunda no es el único tipo de oración efectiva! De hecho, los suspiros y los pesares que acompañan a tales oraciones requieren tiempo y energía por lo que no podemos orar de esta manera todo el tiempo. También hay una gran eficacia en las oraciones simples con tu voz, en las reuniones con los demás, o en silencio en tu corazón. Pero, sin duda, el tipo de oración de la que se ha hablado arriba le hará un gran bien a tu alma).

La Vida Verdadera recibirá una gran ayuda al participar de la Santa Comunión

Mi querido amigo, antes de dejarte, quiero animarte de una manera más. El Señor Jesús nos ha dado algo sencillo, pero muy sagrado, en el Sacramento de la Santa Comunión. El Pan y el Vino. No es algo mágico, pero es muy poderoso para nutrir el alma. Jesucristo nos ha dado esto para que, cuando lo usemos conscientemente, nuestra alma sea alimentada y fortalecida.

No hay un recordatorio más potente de la Expiación que estos dos elementos que juntos forman un Sacramento. Cuando se hace de forma correcta, reverente, y seria, estamos aprovechando todos los beneficios de la vida y la muerte de Jesús por nosotros. En estricto sentido, todas las disciplinas espirituales convergen en este único acto sagrado. Es durante la Comunión que debemos tomar la mirada más seria de nuestras vidas, tanto hacia adentro como hacia fuera. Es entonces cuando enfocamos nuestra mente en las cosas de arriba y en el carácter misericordioso y santo de nuestro Dios. Es entonces cuando podemos tomar las decisiones más grandes y más importantes de nuestras vidas. Es entonces cuando nos arrepentimos, creemos y tomamos resoluciones. Es entonces cuando renovamos nuestro desprecio por el mundo y nuestro amor por los que están en él. Es entonces cuando recibimos otra vez las maravillas de la muerte de Cristo por nuestros pecados. Es entonces cuando somos renovados y re-consagrados al Señor y a su Reino. Es entonces cuando hacemos nuestra más audaz aproximación —arremetida incluso— al cielo y al trono del cielo.

Oración final
Y ahora, amigo mío, es hora de cerrar esta carta. ¡Me temo que se ha extendido más de lo que pensaba! Pero es mi esperanza que este simple esfuerzo traiga algo de bien a tu alma y te guíe en tu deseo de la Vida Verdadera. Si ese es el caso, ¡entonces seré muy feliz! Así que, confío en que aceptarás esta pequeña obra mía, para que de alguna manera cumpla mi feliz deber de ser una bendición para ti.

Ahora, si puedo cerrar con una oración ferviente al Señor, la Esperanza de nuestras almas.

«¡Dios nuestro, bueno y misericordioso! Gracias por poner en nuestros corazones un deseo desesperado de la Vida Verdadera. Te bendecimos por causar en nosotros un descontento con todas las cosas vacías y triviales de este mundo pasajero. Te pedimos que por favor enciendas nuestros corazones con un ardiente deseo por Ti mismo y por las cosas que durarán, para que apliquemos toda diligencia y paciencia a esta búsqueda de la Vida. Líbranos de confiar en nuestras propias fuerzas, pero también líbranos de ser perezosos... esperando que tú hagas lo que nos has mandado hacer. Danos el poder de hacer lo mejor posible, incluso cuando confiamos en ti y dependemos de ti para el éxito en nuestra búsqueda de la Vida Verdadera.

«Abre nuestros ojos a las cosas maravillosas en tu Palabra. Da vida a nuestra conciencia para que podamos ver y odiar el pecado y todo lo que pudiera dañar nuestras almas y traerte tristeza y deshonra. ¡Haz que amemos lo que amas y odiemos lo que odias! Toma posesión de nuestros corazones, Señor. Y al poseernos, danos un santo desprecio por las cosas que solían cautivarnos y engañarnos para que pensáramos que podían darnos Vida. Aparta nuestros ojos de las cosas vanas y que veamos tu maravilloso Ser.

«En lugar de las cosas necias, llénanos con un sentido y una admiración de ti y de tus Verdades eternas. Que las cosas que tú has revelado en la Biblia nos cautiven e influyan en cada parte de nuestras vidas, para que hasta el final de esta

«Una profunda y tranquila contemplación de la bondad y
la belleza de Dios hará más para producir
la verdadera humildad en nosotros».

«Después de un tiempo de quebrantamiento por el
pecado, y una conciencia entristecida por su vileza
y corrupción, el corazón cae ante su Dios Santo, sin
atreverse a hablar ni una palabra ni levantar
la mirada al cielo».

«El Pan y el Vino. No es algo mágico, pero es
muy poderoso para nutrir el alma».

«No hay un recordatorio más potente de la Expiación que
estos dos elementos que juntos forman un Sacramento»

«¡Haz que amemos lo que amas y odiemos lo que odias!».

vida que vivimos ahora en estos cuerpos inferiores, vivamos por medio de la fe en Jesús y para su gloria.

«¡Vive tu Vida en nosotros, Señor!

«¡Señor! ¡Que la maravilla infinita de ti llene nuestros corazones! ¡Que tu asombrosa bondad y amor abrumen cada parte de lo que somos! Ven y conquista nuestros corazones, para que puedan ser constantemente elevados a ti en las llamas de la verdadera devoción y una búsqueda desesperada. Ensancha nuestros corazones con un amor verdadero por cada alma en este mundo caído. Llénanos con un tierno afecto por los demás, incluso por los que te ofenden con cada respiración. Muévete en nosotros para que podamos ser limpiados de todo pensamiento y acción inmundos, para que podamos reverenciarte correctamente a ti y podamos crecer en santidad de corazón y vida —sin las cuales nunca podremos esperar verte y disfrutarte.

«Por último, Señor, haz que tengamos un verdadero conocimiento de ti y de nosotros mismos… que el conocimiento tanto de tu maravillosa naturaleza como de nuestra naturaleza caída (aunque maravillosamente hecha a tu imagen) sirvan para humillarnos, silenciarnos y estimularnos hacia ti en un deseo ferviente por ti y por la Vida Verdadera en ti. Estamos aquí felizmente abandonados a tu Santo Espíritu para que él pueda llevarnos a toda Verdad e impartirnos la Vida Verdadera.

«Dios maravilloso de nuestra salvación, guíanos con tu tierno consejo. Y después, recíbenos en tu gloriosa Presencia, por los méritos de tu querido Hijo, nuestro Salvador, Jesucristo.

«¡Somos Tuyos!

«Amén»

Reflexiones finales y una invitación a la Vida Verdadera

~

> A éstos Dios quiso dar a conocer cuáles son las riquezas de la gloria de este misterio entre los Gentiles, que es Cristo en ustedes, la esperanza de la gloria (Colosenses 1:27).

La carta de Henry Scougal a su amigo terminó tan abruptamente como empezó. Una vez más, no había palabras desperdiciadas en este hombre a punto de morir, ni excesos para recortar. Él ha presentado —no sólo a su amigo sino a ti y a mí— la vida sobrenatural, la Vida Verdadera, que Dios diseña para cada creyente en Jesús. Lo que Scougal deja maravillosamente claro es que esta vida sobrenatural no es una vida esotérica, secreta, «escalofriante» para unos pocos místicos selectos. No se trata de *gnosticismo*, sino de un *cristianismo* claro, real y que se origina en Dios. Es la unión del Salvador misericordioso y el pecador necesitado. Es Cristo habitando en el humilde y simple creyente. No hay sesiones de espiritismo, sino estudios bíblicos, no se echan suertes, sino que hay una fe viva en el Dios de la Biblia. Es un misterio *revelado*, una invitación abierta a un Dios dispuesto.

Creo que después de leer a Scougal me quedé sin excusas. Puedo ser tan santo —y por lo tanto tan feliz— como quiero ser. La Vida Verdadera no es complicada, pero es desafiante. Es simple, pero no siempre fácil. Tengo que llegar a un lugar de desesperación. Tengo que llegar a ese precioso lugar en mi alma donde me doy cuenta de que Jesús es mi única Esperanza, y donde todos los amores inferiores se inclinan ante él y toman sus lugares correctos. Cuando estoy allí, estoy a la orilla de la Vida, en la entrada frontal de la Casa del Padre. Si me pierdo la oportunidad de tener la Vida Verdadera, es porque quería menos, no más; es porque estaba demasiado satisfecho con las cáscaras; y atesoraba a dioses inferiores por sobre el único Dios Verdadero.

La tesis de Scougal: *La salud y el bienestar de tu alma está determinado y medido por el valor de aquello que más amas*, es un desafío y una cálida invitación. Es un reto a dejar de lado todos los amores inferiores, y una invitación a amar a Jesucristo de manera suprema. La seguridad aquí es que encontraremos un Dios dispuesto en todo esto. Nunca debemos temer que al dejar a todos los amores inferiores atrás no encontraremos a un Dios acogedor en su lugar. El Dios de Scougal —el Dios de la Biblia— nos ha diseñado para él, y nos ha redimido a través de la sangre de Cristo para sí mismo, y para nada menos.

Por lo tanto, ¡no temamos y continuemos! Rehusemos estar satisfechos con la mera creencia correcta, o la vida correcta, o el sentimiento correcto (aunque estas cosas sean importantes). Estemos satisfechos con nada menos que aquello por lo cual Cristo nos ha redimido: conocer a Dios, Padre, Hijo y Espíritu, en nuestro corazón y en nuestra experiencia. Que Cristo sea hallado morando dentro de nosotros, así como nosotros nos hallamos escondidos en él. Entonces, cuando él se haya vuelto más precioso para nosotros que cualquier otra cosa, el pecado nos resultará tan repugnante como el cáncer. El velo entre esta vida breve y la Eternidad se volverá maravillosamente fino, y nos encontraremos viviendo en las proximidades del Cielo.

> Con Cristo he sido crucificado, y ya no soy yo el que vive, sino que Cristo vive en mí; y la vida que ahora vivo en la carne, la vivo por la fe en el Hijo de Dios, el cual me amó y se entregó a sí mismo por mí (Gálatas 2:20).

Afectuosamente por la Vida Verdadera,

John Gillespie